静岡県と「満州開拓団」

編著

静新新書
044

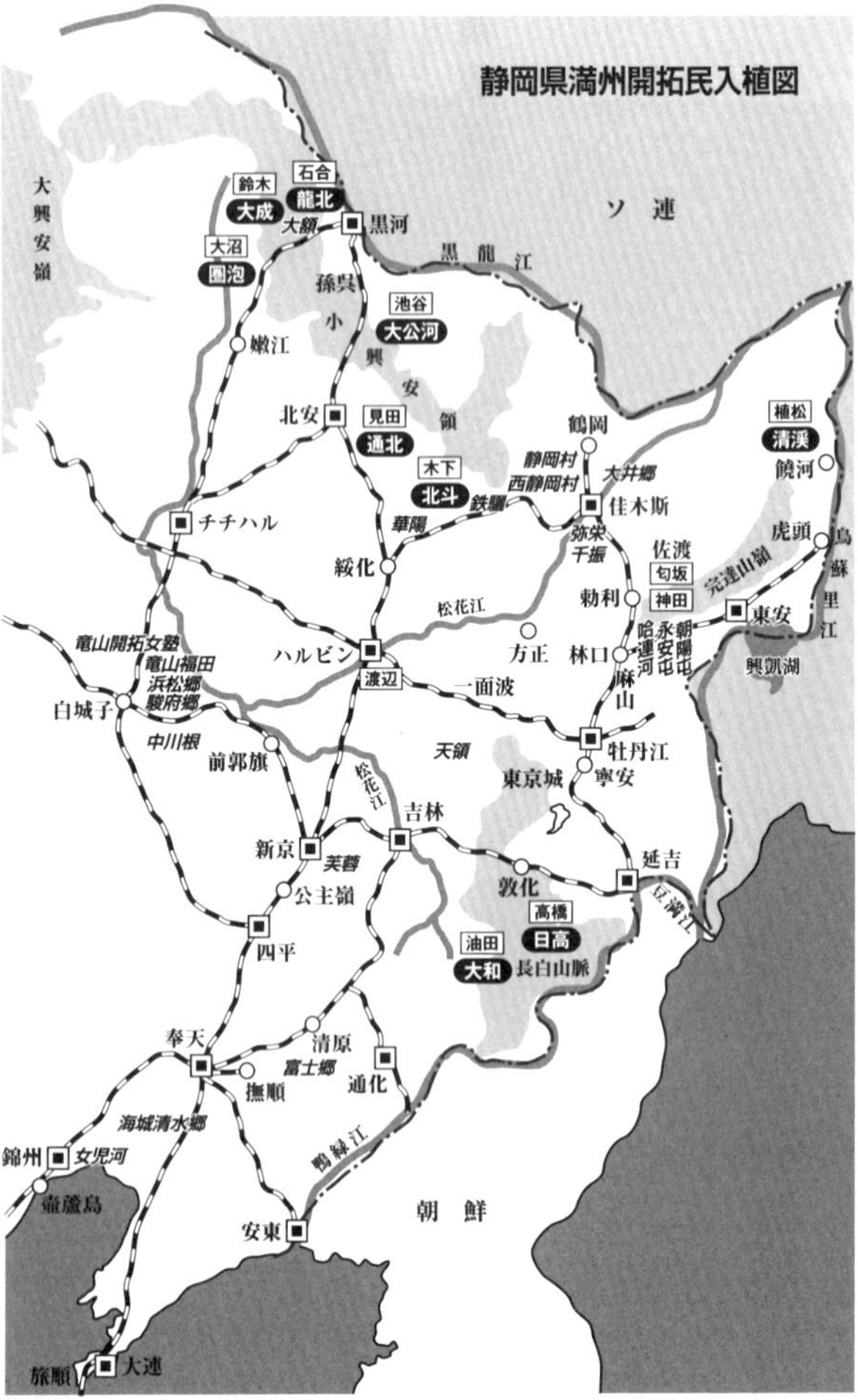

静岡県満州開拓民入植図

□の囲み　：義勇隊中隊　　斜体文字　：開拓団
黒地に白抜き：その義勇隊開拓団　　明朝体文字：都市名・地名

まえがき

赤い夕陽は「満州」と切り離せぬほどによく似合います。その赤い夕陽とは「満州」の大広原の彼方の地平線に沈む大きな落日です。

「満州国」とは、今の中国東北（黒龍江省、吉林省、遼寧省）と、内蒙古自治区の一部に、一九三二年、満州事変の翌年、日本陸軍の関東軍が作った傀儡国家です。

「満州開拓団」とは、この「満州」へ日本から送り出した農業移民と青少年義勇軍のことです。

静岡県からも一九三二年（昭和七年）から一九四五年（昭和二〇年）まで、開拓団三七団体五、〇三九人、青少年義勇軍五三団体、二、三五五人を送りました。そのうち、現地で死亡した人は開拓団員は一、一五四人、青少年義勇軍隊員は三二〇人でした。

この国家事業に参加した開拓民は、困難を覚悟し、夢を持って「満州」に渡りましたが、結果は敗戦によって悲惨な日に遭ってしまいました。

私は、二〇〇七年に、この開拓団に参加し生き抜いて帰国し、いま健在の先輩たちから手記を寄せていただき一冊の本『満州の土に生きて』を出版いたしました。

この本に手記一二三人、アンケート二一五人が寄せてくださいました。

実は、この本がA5判四五〇頁と厚いものになり、多くの方から、もっと手ごろなものにならないかと言われていたところ、紹介してくださる方があり、静新新書として出版できることになりました。

この『静岡県と満州開拓団』は、私の説明と、『満州の土に生きて』に参加した私の先輩たちの証言を採録したものになっています。

「満州開拓」という国策は、日本と中国が戦争する中で、中国の土地に日本の開拓農民が農耕をするという矛盾を抱えていました。さらに開拓農民は、自分に与えられた一〇ヘクタール以上の広い農地を日本の在来農法では耕しきれず、中国農民の力に頼らざるをえないという矛盾も抱えていました。

日中戦争の直後から、関東軍から提起されて、日本政府は青少年義勇軍の編成を始めました。日本は青少年義勇軍を「満州開拓」の基底とし、さらに実態としては関東軍の補強組織として位置付けていました。

日本の資源の乏しさと、国内の土地に対して人口が多いというアンバランスを解決するために、日清日露両戦争の満州権益を守るために、日本は満州事変を起し大東亜戦争にまで引っ張っていき、結局は敗北しました。

その結果は、開拓期の満州拓殖公社による強制的な土地収用と中国人雇用に対する、敗戦直後の現地中国人の報復的襲撃が、避難する開拓民に浴びせかけられました。開拓民にとっての犠牲は、中国人の報復をはるかに超えるソ連軍による爆撃・強姦・略奪・抑留でした。

この敗北に際し、開拓民は、開拓地でまず自決―それを避けて逃避行―生き残れば避難所生活―そこで飢餓・伝染病・寒さにやられ、ここをさらに生き残れば引き揚げ帰国という、命がけの時の流れに身をまかせました。

実際にこの過程を生きた開拓民が、中国を侵略した日本の戦争責任に対し、日本の誰もなさなかった贖罪の役を果たしたのではないでしょうか。

関東軍幹部が撫順戦犯収容所において暖房の室内で三食付で一人の犠牲もなく生活していたとき、開拓民は死線をさまよっていました。

生き抜いた者にとっていまも残る共通のものは、この試煉が生きる力になっていることと戦争を否定する思いであります。

この本でも片鱗が出ていますが、開拓民とりわけ青少年義勇軍の隊員が、戦後の避難生活の時期に、中国人に生命を救われる、互いに助け合う、という日中協力の基底ともなるべき芽が植えられていることです。

　この日中連帯の芽は、戦後に中国に残留した青少年義勇隊員と日本人女性が生産・医療などに貢献し、残留孤児が中国人養父母に育てられ、労働したことなどを通して鍛えられ成長しました。

　一緒に「満州」の広野に踏み込んで見ましょう。

目次

第一章　「満州国」とは何であったか

静岡県から送り出された満州開拓団の姿と、渡満時の開拓民の夢と、帰国時の空前の悲惨さを理解するために、満州国とは何であったのか、開拓団とは何であったのかをまず見ておきたい。

満州国とは、現在の中国の東北三省（遼寧省、吉林省、黒龍江省）と内蒙古自治区の一部を含む地域に、日本陸軍の関東軍が満州事変を起こしたあと一九三二年（昭和七年）に建国し、一九四五年（昭和二〇年）の日本敗戦によって消えた、日本の傀儡国家であった。

1　満州国誕生時の国際環境と日本政府の対応

満州事変

一九三一年（昭和六年）九月一八日午後一〇時三〇分、奉天（現在の瀋陽）郊外の柳条溝

において、鉄道線路の破壊による列車の転覆という柳条溝事件が起きた。今日では、この事件は関東軍の謀略であったことは明らかにされていることである。

しかし、当時は、「暴虐なる支那軍隊の一部が満鉄線路をぶっ壊した」（九月二〇日朝日新聞社説）と言う調子の新聞とラジオの報道が流され、日本国民は日本軍が自衛権を発動し満州を制覇することを熱狂的に支持した。

満州事変はこうして始まり、一九四五年（昭和二〇年）まで続く一五年戦争の開始であった。

この満州事変をめぐる情勢は何であったか。

日本防衛と資源確保と移民

第一に、日露戦争によって、日本は、遼東半島（関東州）の租借権、旅順―長春間と安東―奉天間の鉄道、この鉄道の線路を中心にした幅六二メートルの帯状の土地と駅舎を中心に広い土地を鉄道の付属地として確保した。

日本には、日清戦争、日露戦争をはじめ、一〇万人を越す日本軍の鮮血をもって購った満州の権益を守り、満州を日本の生命線として確保するという国内世論の熱狂的なたかまりがあった。

満州は、日本の防衛と資源確保と移民のためにある、という世論であった。

満州事変を起こした関東軍の参謀・石原莞爾は、著書『最終戦争論』のなかで、「日満華の協同による東亜連盟が総合的威力を持ち、米国との最終戦争に勝って、世界統一を成し遂げる、その東亜連盟は満州建国に端を発する」と書いている。

反日反満の国共合作宣言

第二に、「満州地域」を支配していた土着の張学良政権は、親日政権にしようとする関東軍の働きかけを拒否して、一九二八年（昭和三年）一二月に、逆に、中国国民党政府の晴天白日旗を掲げて中国国民政府（蔣介石）に合流した。

この前後から、張学良政権は対日依存路線から自立路線に転換し、満鉄線に平行して、打通線（打虎山—通遼）、と海吉線（海龍—吉林）の鉄道を敷き、かつ商租地以外の日本人の居住、商業経営を禁止し、一九三一年（昭和六年）五月には中国国民党政府は「国土盗売懲罰法」を制定し、違反した中国人には死刑を含む厳罰をするにいたった。

中国国民党政府は、一九二四年（大正一三年）一月の国民党全国大会いらい、中国統一、不平等条約廃棄、利権完全回復を基本政策としている。一九三六年（昭和一一年）末に張学良が蒋介石を捕らえ国共合作を説得する西安事件が起き、一九三七年（昭和一二年）の盧溝橋事件・日中戦争の発端直後の九月二二日に、反日反満の国民党と共産党は国共合作宣言を公表した。

国際連盟・軍事占領を不承認

第三に、国際連盟とアメリカは日本軍の行動を非難しつづけた。欧州の英独仏は、第二次世界戦争前の欧州内部の対立のためアジアでの動きを弱めていたがこれらの国は国際連盟で発言を続けていた。

ソ連は一九二八年から第一次五ヵ年計画をはじめ自国の経済建設に集中していた。

アメリカは中国をはじめアジアへの進出を強め、中国に対する門戸開放政策を進めていた。アメリカは、日本が中国に対して一九一五年（大正四年）に行った二一ケ条の要求いらい日本に対する警戒を強め、一九二一年（大正一〇年）にはワシントン国際会議を召集し、日本が中国国民党政府と調印した二一カ条関係の条約を、この国際会議の決議に反するとして国際的に失効にさせていた。アメリカとこのワシントン国際会議、国際連盟は、日本の軍事占領行動は不承認という態度で、日本を非難していた。さらにアメリカは、一九二四年に排日移民法を決めていた。

閣議は不拡大方針・関東軍は全満州を占領

第四に、満州事変は、張学良勢力を排して、関東軍が満州全土を日本の支配下にする戦争へと続いた。

柳条溝事件直後に開いた、若槻礼次郎内閣の臨時閣議において、幣原喜重郎外相は、事件の謀略性を示す電報を紹介し、南次郎陸相は増兵を求めることができず、閣議は不拡大方針を決定している。

幣原外相は、国際協調主義の立場を貫き、アメリカと協調して中国に対する門戸開放主義を受容し、日本の既得権保護を米英が許容する範囲で擁護しようとするワシントン体制に順応した外交を追求していた。

しかし、満州現地の関東軍は、一九三一年（昭和六年）九月二一日には吉林、同年一一月一九日には黒龍江省のチチハルを占領し、同年一一月末には、張学良が仮政府を置いていた錦州を爆撃している。一九三一年のうちに、関東軍は全満州をおおかた占領した。

国民世論は政党政治批判・関東軍支持

政府の不拡大方針を無視してこのように関東軍がとどまることなく全満州を占領できたのは、日本国内において、このころ巨大メディアになった新聞、ラジオが積極的に展開した、政府と政党政治批判、軍事行動と軍部への期待の報道によって、国民感情が、関東軍の行動を熱狂的に支持したことにある。

2　満州国と関東軍

満州事変勃発の四日後の一九三一年（昭和六年）九月二二日、関東軍は幕僚たちの協議を行い、ここで日本が朝鮮・台湾のように満州を直接支配する領有計画を断念し満蒙に新たな独立国家を建国することを決定した。軍事行動を展開しながらその国家像を具体化し、同年一〇月二日には「満蒙問題解決策」を決定している。国防を日本に委任し、鉄道・通信は日本に管理を委ねることを条件として、日本の保護下に満蒙の独立国家を建設する構想になっている。

関東軍の参謀たちに、独立国家の基本精神を示し、自信を与えたのは、宇冲漢（元張作霖行政長官、奉天文治派双璧の一人）の発言にあった。宇冲漢の政見とは、満州が張学良の抑圧と重税の苛斂誅求の軍閥政治から解放され、満州に住む満族、漢族はじめ多民族にとって、第一に、王道楽土の政治を実現する、民族協和・一切平等無差別の社会。第二に、王道政治の前には軍隊など必要ない、が骨格になっている。

関東軍は軍事行動を展開しながら、一九三一年（昭和六年）九月二六日には、奉天に遼寧省地方維持委員会（宇冲漢らが中心）、同日、吉林に吉林省長官公署（熙合が中心）九月二七日にはハルビン特別区治安維持委員会（張景恵が中心）を樹立している。

満州国建国宣言

国際連盟が、満州国不承認の立場から、リットン調査団を一九三二年（昭和七年）三月二九日に日本に送り込んでくるという情勢のなか、同年三月一日、満州現地住民の自発的意思によるとして、地域組織からなる東北行政委員会は、張景恵の屋敷において、満州国の建国宣言を発している。

溥儀・本庄会談と密約

この日、溥儀は、同年三月九日に長春で行う執政就任式に臨む途上にあった。同年三月六日、溥儀は、旅順近くの湯崗子の旅館で関東軍・本庄繁司令官と会談し、満州の運命を決定づけるきわめて重要な一通の書類に捺印した。

その内容は、次のようになっている。

一　満州国の治安維持及び国防は日本に委ねる。

一　国防上必要な鉄道、港湾、水路、航空路の管理、ならびに新設は、すべて日本に委ねる。

一　日本人を満州国参議に任じ、中央、地方の官署にも、日本人を任用する。その選任、解任は関東軍司令官の同意を必要とする。

一　これらの趣旨および規定は、将来、両国が正式条約を締結する場合の基礎とする。

三月九日、溥儀は長春に到着し、満州国の最高責任者・執政に就任する執政宣言を発した。そこには「王道楽土・五族協和」がうたわれていた。

3　満州国の誕生

満州国の政治機構は、立法院、国務院（行政）、法院（司法）、監察院の三権分立の形式であったが、立法院は最後まで開設されなかった。国務院の長・国務総理が首相のポストであり、そのもとに総務庁をはじめ四局、八部、五つの地方省・特別区が設けられていた。それぞれのトップは中国人があたり、次長に日本人があたった。

初代国務総理は鄭孝胥（溥儀が天津脱出のときから同行の側近）があたり、国務院総務長官（事実上の首相）に駒井徳三氏があたった。

各部の総長が出席する国務院会議が閣議に相当していたが、すべて実権は次長にあり、日本人だけで構成する次長会議が事実上の最高決定機関であった。

その「官吏」の総数は、建国当初は中央政府六〇〇〇人、うち日本人一二〇〇人であった。日本人の比率は二〇％となっている。

この満州国の行政は、日本政府未承認のまま執行され始めた。

4　日本政府の対応

この時期、日本の犬養内閣は、一九三二年（昭和七年）二月一五日の枢密院会議においても満蒙の独立国家を承認しないと言明している。

軍部には、現代の戦争・総力戦準備のために満蒙を軍事的・経済的基地に仕立て上げるという動きは強力なものがあった。

このことは、一九三一年（昭和六年）四月に成立した若槻内閣、同年六年一二月に成立した犬養内閣と続けてきた国際協調主義の政党政治を倒して、軍部の政権を作ることを意味した。

五・一五事件・犬養首相を射殺

時の犬養内閣の荒木陸相はクーデターがあれば見殺しするわけにはいかないという発言もあり、ついに一九三二年（昭和七年）五月一五日には、血盟団が犬養首相を射殺するにいたった。そのあと、海軍の長老斉藤実が首相になり、軍部政権時代に道を敷いた。

満州国承認

一九三二年六月一四日、衆議院本会議で満場一致、満州国を承認し、同年八月一九日閣議で、「満州国承認に関する日満議定書」を決定し、同年九月一五日、日満議定書を調印し、日本は満州国を承認した。

中国の国民政府は、満州国否認声明を出し、満州国に中国人が参加するのは売国行為として治罪法によって厳しく処断すると声明した。

国際連盟は、一九三三年二月二四日、いわゆる満州国不承認決議案を賛成四二、反対一（日本）棄権一（タイ）をもって採択した。

5　満州帝国の誕生

一九三四年三月一日、執政溥儀は皇帝となった。満州国誕生から満二年して満州は帝政実施となった。

溥儀は日本の天皇と並ぶ皇帝になり、それまで国務院会議で中国人高官が批判的意見を出すなど発言にある程度の自由があったが、帝政になって、皇帝の力が圧倒的に強くなった。

満州の中央政府の行政機構の規模と中国人と日本人の比率を見ると、一九三五年、総数四、九三九人、内中国人二、四七四人、日本人二、三八六人、蒙古人他七九人で日系占有率は四八・三％となっている。そのうち、行政の中枢の国務院は総数四九二人、うち中国人九〇人、日本人四〇二人、日系占有率は八一・七％となっている。

皇帝溥儀・日本訪問

溥儀は皇帝になり、一九三五年四月に日本を訪問した。このとき天皇が東京駅に迎え、日本の報道は日満一体の行事で埋め尽くされ、溥儀は、日本の天皇と同じように皇道主義に徹するようになった。

しかし、帰国するとまもなく溥儀腹心の鄭孝胥が国務総理（首相）を罷免され、溥儀推薦の人物でもない張景恵を、関東軍司令官が国務総理の座につけた。

このあと、満州帝国と大日本帝国は一体化して突き進むようになる。

6　日満一体化の戦時体制

満州開拓一〇〇万戸移住計画

満州国において、一九三七年から、満州産業開発五ケ年計画と、日本政府の立てた満州農業移民一〇〇万戸五〇〇万人計画の第一期五ケ年計画がスタートした。

産業開発は、岸信介（満州国実業部次長・戦後首相）が計画を推進した満州国重工業（略称・満業）の直系会社、鞍山鉄工所、満州鉱業、満州軽金属、同和自動車などが、産業全分野に独占企業を起し、銑鉄は一九四二年には一七〇万トン（日本の一九三六年の銑鉄生産は二二三万トン）、石炭は一九四一年に二、五〇〇万トン（日本は一九三五年に五、七〇〇万トン）機関車、客車、貨車などを本格的に生産した。

農業移民は、一九三六年、広田内閣の重要国策・「満州開拓一〇〇万戸移住計画」第一期計画が、翌年から始まった。一九三八年からは青少年義勇軍も発足した。

農業移民のための土地を、満州国は満州拓殖公社と関東軍と一体になって二、〇〇〇万町歩すなわち二〇万平方キロを確保した。現在の日本の面積三八万平方キロと比べその広大さにおどろかされる。

日中戦争始まる・青少年義勇軍発足

この時期、一九三七年七月七日に中国盧溝橋で日中両軍が衝突し、日中戦争が始まった。関東軍は、七月九日に、青年農民訓練要綱を提案し、青少年義勇軍発足に道をひらく。陸軍は同年一二月南京占領と大虐殺、翌年、徐州、広東、武漢と中国侵略を進め、一九四一年七月には南部仏印に進駐した。

関東軍特別演習

ヨーロッパでは、一九三九年九月一日にドイツ軍がポーランドに進撃し第二次大戦がはじまった。ドイツ軍は一九四一年六月にソ連に攻撃を開始し独ソ戦争が始まった。関東軍は、満州国境のソ連軍がヨーロッパに移動したならば、日本陸軍はソ連のシベリアに武力進出する作戦を進め、その準備のために「関東軍特別演習」（略称・関特演）にとりくみ、満州東正面に、二四個師団、兵力七〇万人、馬約一四万頭、飛行機六〇〇機を集中的に輸送していた。

独ソ開戦前に、満州周辺の極東ソ連軍は、狙撃三〇師団、騎兵二個師団、戦車二、八〇〇両であったが、独ソ戦が開始されても、極東ソ連軍は大きな移動は見られないうえ、太平洋における日本海軍の作戦が緊迫してきたため、関東軍は対ソ作戦は断念する。

抗日民族統一戦線を結成

この時期、中国においては一九三七年以来の国共合作が発展し、共産党と国民党が抗日民族統一戦線を結成し、満州においても抗日反満活動が続けられていた。

大東亜戦争に入る

一九四一年一二月八日の真珠湾奇襲によって日本は国際連盟と米英仏を敵に大東亜戦争に入った。

日本の軍事戦略は、満州を資源基地とし、戦争は中国・東南アジア・太平洋と広くなった。一九四二年一一月、拓務省は新設の大東亜省に併合され、軍部の力とともに文部省の国防国家・教育国家を培う興亜教育の役割が大きくなった。

関東軍は、太平洋圏の日本占領の島々が米軍の攻撃で急を告げる事態になり、一九四三年後半には主力の大半が南方移動した。

7　満州帝国の崩壊

ソ連・日ソ中立条約不延長を日本に通告

一九四五年二月五日の、米英ソ三国巨頭によるヤルタ会談においてソ連は対日参戦を約束し、四月五日、ソ連は日本に日ソ中立条約不延長を通告した。

ドイツが一九四五年五月に敗北するや米英ソは対日戦争に集中することになり、とりわけソ連は米国の原子爆弾の日本投下に遅れをとらないようにと満州国境に急いで軍をさらに集中した。

関東軍南方に大移動

日本は、軍参謀総長が統括する大本営が関東軍に対し、五月三〇日に、「満鮮方面対ソ作戦計画要領」を与え、そのなかで満州における関東軍の最終防衛ラインを満鉄の京図線（新京―図們）と連京線（大連―新京）の範囲に縮小し満州の四分の三の防衛を放棄しても、通化を中心とするこの地域に立てこもって対ソ作戦を展開せよという命令であった。

同時に、開拓団と青少年義勇軍は、ソ連に対して満州の関東軍や日本人が静謐を保持していることを示すために、そのままにし、移動させないと決定した。

根こそぎ動員

満州の関東軍は、主力が南方に大移動したが、ソ満国境一帯には、国境守備隊を中心に、南方移動の主力部隊を人数的に補うために、一九四五年六月、満州にいる日本人男子二五万人を根こそぎ召集して兵員を配置した。関東軍は七月末までに二四個師団、兵員七五万人をそろえた。数の上では一九四一年の「関特演」時の七〇万人体制を維持していたことになる。

ソ連満州侵攻・挺身肉薄攻撃

八月八日午後一一時半ころスターリンから指令がだされ、九日午前五時ころ、突如として満州の東西正面からソ連軍が侵入してきた。兵力は将兵一五七万人、戦車・自走砲五、五〇〇〇輛、飛行機四、六五〇〇機であった。

対ソ北正面の愛琿・孫呉一帯には、関東軍一二三師団と一三五旅団が、終戦まで対ソ戦を進めた。死者数が一二三師団は一七、七六六人、一三五旅団は四、九五〇人を出した。装備の面では、一三五旅団は通常師団の一五%と弱小であった。

愛琿正面の激戦において、歩兵七九六大隊第三中隊の場合、壕・穴倉に待機して敵戦車の近接を待ち、爆弾を抱えて挺身肉薄攻撃をし、敵戦車を阻止する作戦であった。

対ソ東正面では、牡丹江の手前にある掖河付近で、第五軍が肉薄攻撃や斬り込みなど必死で戦線を支えていた。

このころ、召集された義勇隊員は、日々この爆弾を抱えて挺身攻撃の訓練にあたった。軍人・行政官・満鉄社員などの家族を乗せた避難列車が群がる一般民を尻目に朝鮮に向かっていった。

関東軍幕僚会議は停戦・降伏を決めた

八月一六日午前四時に大本営から関東軍総司令部に「即時戦闘行為停止」の命令が届き、これを受けて関東軍幕僚会議は停戦・降伏を決定した。

皇帝・溥儀は八月一六日、日本に向かおうとして奉天飛行場に着いたところをソ連軍に捕らえられソ連に抑留された。

かくして「満州帝国」は解体・崩壊した。

侵入したソ連軍は、満州にいた五七万五千人の関東軍兵士、開拓民など日本人男子をソ連内に連行し、満州にあった鉄道有蓋貨車、生産資材、関東軍の倉庫の物資などをソ連に運び込み、民間人の生活用品の時計・万年筆などを強奪、さらに女性に対する強姦など、在満日本人を恐怖におとしいれた。

満州・中国東北の現地住民は、とりわけ僻地の開拓地では、土地・住宅を奪い住民を欲しいまま働かせた日本の開拓民に対する報復とその資産収奪・没収のため、暴力行為が一挙に噴出した。

第二章　「満蒙開拓団」とは何であったか

1　開拓団の誕生

日本が満州獲得を企てた目的は、日本のための防衛と資源獲得と移民であった。満州開拓団こそ、この防衛と資源確保と移民を一身に担ったものであった。

東宮鉄男・加藤完治・石原莞爾

満州開拓団の創設に導いた三人の人物がいる。東宮鉄男と加藤完治と石原莞爾である。

東宮鉄男大尉は、満州事変の年・一九三一年（昭和六年）一二月に吉林省鉄道守備隊教官長に着任すると、吉林剿匪軍を指揮して、反日の地元軍であった李杜と丁超の両軍を討伐し、一九三二年（昭和七年）に満州国ができるとその四月に満州国軍政局顧問に就任した。

五月には、反満・反日の勢力が強かった三江省の衣蘭を占拠、富錦方面まで討伐を行い、日本の移民用の土地を確保し移民計画書を起案し関東軍に提出した。

加藤完治は、日本の農家の次男以下の青年を移民するために、すでに朝鮮において移民八五戸、五〇〇町歩の土地で実験にも成功し、一九三二年（昭和七年）正月早々に、陸軍大臣・荒木大将、農林次官・石黒忠篤、東京大学農学博士・那須皓を訪ねて政府に対して満州開拓移民のとりくみを要請している。

関東軍は、一九三二年（昭和七年）一月に、満州国建国の前に、六〇人に及ぶ専門家を満州の奉天に招集して「満州政策諮問会議」を開催した。この席上、東京大学の那須　皓博士らは「満蒙開拓移民可能論」を展開した。この意見が関東軍から歓迎され、作戦参謀・石原莞爾は夜、ホテルに那須博士を訪ね、博士から加藤完治の主張と実績を聞き、那須博士に加藤への協力を約束した。

関東軍企画・日本政府追随

この会議の結果、一九三二年（昭和七年）二月に、関東軍は「関東軍移民方策」をまとめた。

このあと、日本政府の拓務省が満蒙移植民問題懇談会（会場が東京麻布狸穴の満鉄総裁社宅であったので狸穴会談と呼ばれた）を開き、政府の取り組みも紆余曲折はあったが前へ出た。

石原莞爾は、一九三二年（昭和七年）六月一四日に奉天において、加藤、東宮の三者会談を開き、ここで東宮が移民五〇〇人の宿舎と土地一万町歩を用意し、加藤が在郷軍人五〇〇人を九月末までに満州に送るよう用意するという約束が成り立った。

実はこの同じ日に、衆議院第六二臨時議会本会議が開かれ、全会一致で満州国を承認している。この国会で、満州移住地産業調査に関する経費・一〇万五四四円を可決している。

一九三二年（昭和七年）八月一六日の閣議で、満蒙開拓移民案が、二〇万七、八五〇円の予算をつけて可決した。

このように、満州移民は、満州国の建国、政府の承認に先行して関東軍によって準備が進められ、関東軍が企画するままに政府は従っていくという、これからずっと続く対満州政策の立案と執行の原型がここにある。

このころ、日本政府自身の政策として、各県に対して、一九三一年（昭和六年）一〇月六日に「農山漁村経済更正計画に関する件」という通達文書を出し、村単位に農山村の土地と人口の不均衡を解決する施策を立てる行政指導が始まっている。

2　第一次から第四次までの試験移民始まる

武装移民団

第一次・第二次試験移民は武装移民団であった。

東宮鉄男と吉林省樺川県が用意した、三江省の松花江流域の開拓用地には、征伐したはずの李杜と丁超の残党三万人が住んでいる状況であった。そこへ、第一次武装移民団として東北地方中心（東北・北関東・信越）に帝国在郷軍人会によって選出された四二三人が入植した。一九三二年（昭和七年）一〇月一一日午後三時半ころにハルビンに着き、松花江の船に乗る。

船は一四日に出港し、夕方目的地の佳木斯（ジャムス）に着き船中泊となる。その夜、一〇時ころ「匪賊」の大群が来襲し銃声が起こり、守備隊が応戦してこれを退けた、と記録されている。この第一次移民団の開拓地を、後に、弥栄村といった。

翌年、七月一八日に、第二次武装移民が、東北地方中心の県プラス北陸・千葉・山梨によって選出された四五五人の帝国在郷軍人会隊員が、同じ佳木斯近郊に入植するが、同じように、地元住民のたび重なる襲撃を受ける。この第二次移民団の開拓地を、後に千振村といった。

特に、一九三四年（昭和九年）の春、住民に買い上げ土地代金の支払いを満州国が始めたころ、土竜山事件と呼ばれる、二、〇〇〇人を超す住民による、第一次移民団、第二次移民団に対する包囲攻撃が起きた。

第一次移民団長・山崎芳雄氏は、土竜山事件などで団員に激しい動揺が起こり、第一次は一七三人、第二次は一七九人が退団したと、後に開く第一回新京会議の席上で報告している。

軍隊の出動によって収拾することができた。

いったんは、団内部の幹部排斥運動などが起き、大量の団員の脱退者が出るなど、日本内地でも開拓団派遣への悲観論が出るにいたった。

現地の治安が確保され、一九三四年（昭和九年）一〇月二一日に第三次移民二五九人が、黒龍江省北大講に到着した。第三次は、東北・北関東・信越に加えて、中国・四国・九州も含まれ、在郷軍人だけでなく一般農民も入り、妻帯者を主とするようになった。この第三次移民団の開拓地を、後に瑞穂村と呼んだ。

満州移民根本方策

こうした現地住民の襲撃や団員の幹部排斥を経験し、関東軍は一九三四年（昭和九年）一一月二六日から一一日間、「対満農業移民会議」を、新京（第一回新京会議）で開催した。

ここで、関東軍は「満州移民根本方策」を決め、移民団は武装を解き、全国の一般農民家族が参加するものとした。

この会議で、日本国内にあって開拓団を送り出す業務全般を行う「満州移住協会」を、満州での受け入れの業務全般を行う「満州拓殖会社」を設立することを決めている。

時の岡田内閣は、関東軍のこの方針を受けとめ、決定し、第五次以降の移民団のとりくみをしている。

この新京会議の前から準備していた第四次移民団は在郷軍人会を煩わさず拓務省が全国都道府県を通じて四〇〇人を募集し団を編成した。移植地は、北満の東安省の城子河と哈達河の二地区であった。一九三六年（昭和一一年）三月二日に城子河へ、同年三月六日に哈達河に入植した。

試験移民は、この第四次をもって終了し、第五次は集団移民と改称した。

農民家族の移民

第五次移民は、一九三六年（昭和一一年）七月に、満州移住協会が募集地域を全日本に拡大して一、〇〇〇戸の募集業務を行い、満州では満州拓殖会社が四ブロックに分け、東安省の永安屯、朝安屯、黒台、黒台信濃に土地を確保し受け入れている。

3　満州農業移民一〇〇万戸計画と農山村経済更生運動

満州農業移民一〇〇万戸五〇〇万人移住計画

関東軍は、一九三六年（昭和一一年）五月一一日から、新京で対満農業移民会議（第二回新京会議）を開き、一九三七年度（昭和一二年度）以降二〇年間に、「満州農業移民一〇〇万戸五〇〇万人移住計画」をたて、満州国政府内にあった批判を説得して決定した。広田内閣は、この関東軍の決定を受けて、同年八月二五日、閣議において、「七大重要国策一四項目」を決定した。そのなかで「満州開拓二〇ヵ年一〇〇万戸五〇〇万人移民計画」を日本の重要国策として決定した。

この目標について拓務省の説明は、「満州の現在の人口はおおむね三、〇〇〇万人であるが二〇年後には五、〇〇〇万人に達するであろう、その時その一割五〇〇万人の日本人を満州に植えつけ、民族協和の中核たらしめる。一戸五人家族として一〇〇万戸」であった。一〇〇万戸とは、当時の日本の農家戸数五六〇万戸、五反以下の貧農が二〇〇万戸、その半数にあたる戸数である。

この決定を受けて、広田内閣は、一九三七年（昭和一二年）から一九四一年（昭和一六年）までを第一期とする一〇万戸移民計画をたて、一九三七年を初年度として六、〇〇〇人を送出するため、七六万四、〇〇〇円の予算を議会に提出した。

日本農村の経済更生運動と分村分郷開拓団

一九三二年から、満州国の建国と平行して進めてきた日本農村の経済更生運動が、この満州移民一〇〇万戸計画と軌をいつにして、「農村の過剰人口」を満州に移民させる分村化の動きとなっていく。

分村移民とは、各町村ごとに黒字経営できる標準耕地面積を決め、それをもとに「適正規模農家」戸数と「過剰農家」戸数を算出し後者を満州に送り出すというものであった。

政府は、山村内の土地など資源と人口の不均衡を解決して、農村問題の解決のみならずわが国の恒久的な安定をもたらす重要国策として、経済更生運動に取り組んだ。

農林省は、一九三二年一〇月六日、「農山漁村経済更生計画に関する件」なる訓令を各県に出した。自分の村の不況を解決するために、村民の総意によって、それぞれの町村に「町村経済更生委員会」を組織し、一九三二年度から三七年度までの六年間に更生計画を樹立するという内容であった。農林省は、この更生計画樹立町村を指定した。

さらにこの具体化として、一九三六年七月二三日、「経済更生計画の特別助成村の制度」が始まった。

この指定町村に、その後、国と県からの指導が続き、村内の土地・資源と人口の不均衡を打開する道として、さらに重要国策として満州開拓団派遣のために、村の中で満州移民が促進された。

全国の各県に、満州開拓民内地訓練所が作られた。

これらの村において、分村化（同一村民が満州に一つの開拓団を作る）・分郷化（近隣の複数の村民が一つの開拓団を作る）の編成作業が推進された。こうして全国的に、分村・分郷開拓団がうまれた。この分村・分郷開拓団は、集団開拓団（二〇〇戸から三〇〇戸）と集合開拓団（三〇戸から一〇〇戸）にまとめられ、渡航関係費と開拓地の公共施設に対するそれぞれ行政補助がなされた。

満州移民一〇〇万戸計画は、これまでのように、全国混成の開拓団ではなく、一九三六年から村単位の分村、郡または県の広がりの分郷というように、県が責任を持って県単位の開拓団を編成するようになった。

満州への入植も、開拓団が全員が一団になって一挙に入植するのでなく、先遣隊がまず入植し数次にわたって団員が入植して開拓団が整うという形になった。

第一期五ケ年計画

満州移民一〇〇万戸計画に基づいて、第一期五ケ年計画として一〇万戸移民計画が実施され、一九四一年（昭和一六年）に終わったが、結果は次のようになっている。

一九三七年（昭和一二年）・第六次　一九団
一九三八年（昭和一三年）・第七次　二二団
一九三九年（昭和一四年）・第八次　四〇団
一九四〇年（昭和一五年）・第九次　六二団

一九四一年（昭和一六年）・第一〇次　四四団
人数で、日本人　八五、〇八六人　朝鮮人　二四、四六八人となっている。

国民的世論の高まり

満州開拓への世論は、当時一〇〇万部まで伸びた新聞、急速に家庭に入ったラジオ、そして映画、小説や文学、マンガなどによって大きく高まっていった。社会的な空気が、開拓団を満州に送る、満州熱を帯びたものになっていた。

4　青少年義勇軍の創設

関東軍の発意

一九三七年（昭和一二年）関東軍は、「青年農民訓練所創設要綱」なる議案をひっさげて、日中戦争勃発の二日後の七月九日から一五日まで、満州国と日本国の拓務省、満鉄、満州拓殖公社、満州移住協会を招集して会議をひらき、会議はこれを審議しこれに合意している。

これが、満州開拓青少年義勇軍発生の直接的な会議であった。

第一次・第二次の武装移民団が現地住民から攻撃され、大量脱退者が出て動揺が広がった反省から、「純真なる農村青少年の現地訓練により真の建国農民として満州建国の理想実現を期す」ことになった。

先発の少年隊

この要綱の決定の前から、満鉄の土地に満鉄の資金で、満州への青少年隊の派遣準備が進められ、一九三七年（昭和一二年）七月には、驍河少年隊の第三陣（六四人）が、八月には城子河青少年隊、哈達河青少年隊、伊拉哈青少年隊が満州の現地に着いている。

特に、長野県、山形県などの少年二九〇余人によって構成されていた伊拉哈青少年隊（加藤完治、東宮鉄男の呼びかけで満州に派遣した青少年義勇軍の先駆組織）は、一九三七年（昭和一二年）八月に、満州拓殖公社の管理のもと、満州の北の果・嫩江近くの伊拉哈に到着した。到着すると、満州拓殖公社とともに、内地から三万人の青少年義勇軍を受け入れるための五つの大訓練所の建設にとりかかり、翌一九三八年（昭和一三年）二月にはそのうち四つを完成させて龍江省の伊拉哈に帰っている。

ほぼ同時に、国内においても、満州移住協会によって、一九三七年（昭和一二年）一一月初めから、茨城県の内原に、年間三万人収容できる青少年義勇軍の訓練所建設が突貫工事で始められた。

青少年義勇軍編成の建白書と義勇軍の発足

こうして満州現地と日本国内において、現実に青少年義勇軍の受け入れと送り出しの体制づくりが進められるなか、一九三七年（昭和一二年）一一月三日に、加藤完治ら満州移住協会の役員たちが、「満蒙青少年義勇軍編成に関する建白書」を、近衛首相らに提出し、一二月二二日に閣議においてこれを承認し、同時に「満州青年移民実施要綱」を決定し、一九三八年（昭和一三年）より可及的多数の青年移民を実施することを決定した。

青少年義勇軍編成の「建白書」、その実施の閣議決定のはるか以前に、国内の訓練所と満州現地の訓練所・宿舎の建設は進んでいた。

一九三八年一月から、青少年義勇軍の募集を開始し、五月末日までに内原訓練所に、一四、八六三人が入所した。

一九三八年度を第一次として、一九三九年度を第二次として次のように青少年義勇軍は満州の現地訓練所に送り出された。

第一次・一九三八年度　六八中隊二一、九九九人。

第二次・一九三九年度　四三中隊　八、八七一人。

一九三九年度が半減したのは軍事工場に青少年をとられたことにある。

応募した少年たちは、全国混成の、ほぼ三〇〇人からなる中隊に編成された。

青少年義勇軍の訓練は、まず国内訓練を行い、満州現地で三年間行う。三年間の訓練の後、義勇隊開拓団に移行する。

青少年義勇軍の訓練の内容

国内の訓練

茨城県内原訓練所における、三ケ月間の訓練と学科

学科・皇国精神、満州農業要綱、栄養食物、農産加工、軍事講話、国語、満州の歴史と地理、術科。

訓練・教練・行軍など規律訓練、自衛に必要な本格訓練。

実習・農業実習。所外における開墾、溜池、道路修理などを行う。

満州現地の訓練

最初の一年は大訓練所での訓練を受ける

①協同的心身の鍛錬陶冶　②開拓民の理想信念の確立　③気候など馴致　④規律と戦闘力の養成。

続く二年間は小訓練所で訓練を受ける

①営農計画樹立と実施。土地利用、開拓民として必要な総合訓練

②戦闘に関する直接的基本教練

③訓練用地の持つ自然素材を基礎とする教育

④農村建設に必要な各種特技訓練（農産加工、鍛工、煉瓦工など一四科目）

こうした内容が、喇叭鼓隊員の起床ラッパで起き・消灯ラッパで就寝するまでの日課にくまれている。

起床は、夏は五時半、冬は七時。就寝は、夏は九時半、冬は八時半。ただ四月と一〇月は、起床六時、就寝九時半。

5　興亜教育運動と青少年義勇軍

ひきつづいて青少年義勇軍を満州に送り出すために、日本の教育界はあげて興亜教育に取り組んだ。

興亜教育運動

日本政府は興亜教育を、一九三七年の日中戦争の後にすすめた。

欧米に対抗して、日満支（日本と「満州」と「支那」）が連帯し大陸に進出することがアジア連帯・興隆をすすめる「興亜」であった。大陸進出が国家の最重要課題とされ、「興亜の大業」とされた。教育も「興亜の大業」を達成する役割を担い、子供の関心を大陸に向けさせ、国家の歩みと運命を共にする子供を育成することであった。

一九三八年一一月には近衛内閣が「東亜新秩序建設声明」を発し、教育界は、青少年義勇軍の促進を目指して、興亜教育運動が盛んになり、青少年の義勇軍志願に大きく寄与した。

一九三九年八月八日の閣議において、毎月一日の日を興亜奉公日に決め、地域社会と学校現場において興亜の精神を浸透させる行事にとりくんだ。

拓務訓練

一九四〇年一月に、東京において、全国高等小学校興亜教育大会を開催し、学校教育のカリキュラムの中に興亜教育をいれる動きが全国に広まった。学校における興亜教育の具体的な内容は、開拓作業（拓務訓練）の実習と皇国精神の講話であった。

具体的には、県の指導で、郡・市教育会が、小学校高等科二年生を対象に行う「拓務訓練」であった。この拓務訓練とは、開拓作業と精神鍛錬・講話であった。各校から高等科二年の男児を選出し、三泊四日以上の宿泊訓練を実施するもので、行軍・教練・体操・講話を中心に全生活が集団的規律訓練、あわせて大陸開拓思想の涵養に努め、訓練最終日に義勇軍参加の可否を問うというものであった。

郡市の郷土小隊・県単位の中隊

興亜教育は、青少年義勇軍を、郡市ごとの郷土小隊に編成し、県単位に中隊を編成するようになった。

郡単位の郷土小隊の編成は、静岡県富士郡教育会が、一九三二年以来続けていた高等科二年生の就職指導部が、一九三七年の青少年義勇軍の創設を知るや、一九三八年の夏から、青少年義勇軍を生徒の進路として拓務訓練にとりくんだ。こうして全国最初の郷土小隊・富士小隊を編成し、第二次青少年義勇軍として内原に送った。

このことを、一九三九年に満州移住協会が機関誌『新満州』と小冊子『義勇軍富士小隊』で全国に広めると同時に、拓務省は同年の第三次の青少年義勇軍を県単独中隊として編成することを、各府県学務部長宛に通達した。

興亜教育の結果、これまで青少年義勇軍の編成は全国混成の中隊であったが、一九四〇年（昭和一五年）からは、全国において、郡市の郷土小隊、各県単位の中隊として編成した。興亜教育は青少年義勇軍の応募の減少にストップをかけた。その実績はつぎの通りであった。

第三次　一九四〇年・三八中隊　　八、九二二人
第四次　一九四一年・五一中隊　一二、六二二人
第五次　一九四二年・五一中隊　一一、七九五人

6　満州開拓政策基本要綱と法整備

関東軍は、一九三八年（昭和一三年）までに、開拓団を五〇団約一五、〇〇〇余人、青少年義勇軍六八隊約二一、〇〇〇余人を満州に受け入れた。

この二つの開拓団（開拓団と青少年義勇軍）と満州国の行政のあり方を再検討するために、一九三九年（昭和一四年）一月に、新京で、満州国開拓総局はじめ日本の関係機関を総動員して、満州開拓政策をめぐって懇談会を開催した。この懇談会を通して、新たに開拓団の位置づけ、土地所有権と多民族の関係など多岐にわたる「満州開拓根本政策基本要綱」（満州現地案）と厖大な部門別要綱案をまとめた。

満州開拓の法律整備

日本政府は、これを受けて、一九三九年三月二九日から日満移民問題懇談会（行政官中心）を六月末まで、ひきつづいて臨時満州移民審議会（会長・平沼総理以下関係大臣・各庁高等官六六人）を八月一六日から十月三〇日まで開催した。ほぼ一年間にわたる審議が続き、日本国と満州国の「満州開拓政策基本要綱」を決定し、開拓団のあり方、日満の行政改革など多岐、厖大な事項が決定された。

この基本要綱は、満州国において、翌一九四〇年（昭和一五年）に法律化され、施行されていった。

開拓団法（一九四〇年五月）、開拓協同組合法（一九四〇年六月）、開拓農場法（一九四一年一一月）が次々に公布されていった。

この要綱、諸法律の主な内容は次のようになっている。

一　開拓団は単なる移民でなく満州開拓の開拓民である（要綱）

一　移住後五年を経過したら開拓団は満州の行政機構の村となる。同時に経済機構として開拓協同組合となる（開拓団法）

一　開拓民には土地の永代世襲的確保を保障する（協同組合法）

一　日本人開拓民（朝鮮人はこれに準ず）は交通・産業開発上の重要地点に定着し、原住民は国内開拓移動を補導する（農場法）

一　青少年義勇軍は開拓青年義勇隊と名称を変え、開拓農民の中核・基底と位置付ける（要綱）

満州国建国のために新たに開拓団のあり方・農村における五族協和のあり方を決めたもの

である。

満州農村において、日本人開拓団が土地を優先的に確保し、朝鮮人はこれに準じ、土地を「買い取られ、移動した」満人・漢人には別途開拓地に補導または日本人開拓団が「雇う」というものであった。青少年義勇軍は日本人開拓団の基底を担うと規定されていた。

開拓地における五族・日本人、朝鮮人、満族・漢族、蒙古人など民族協和のありかたを規定している。

このように一九三九年（昭和一四年）から一九四一年（昭和一六年）にかけて、新たな満州開拓基本要綱が決まり、立法化が進められる過程で、日本からの開拓団の渡満は進められていった。

満州移民一〇〇万戸移民計画の第一期五ヵ年が一九四一年（昭和一六年）に終ったが、人数で、日本人　八五、〇八六人　　朝鮮人　二四、四六八人となっている。

7　臨戦諸施策の実施

一九四一年一二月一日、日本は午前会議において、対米英蘭との開戦を決定し、同月八日、日本軍はマレー半島に上陸すると同時に真珠湾を奇襲し太平洋戦争を開始し、満州国が緊迫した国際情勢の波を受け、日本は臨戦態勢に入った。

第二次五ケ年計画

一九四二年一一月に、拓務省は大東亜省に併合され、「大東亜共栄圏確立と満州開拓第二次五ケ年計画」に入った。

大東亜省においては、拓務省の影響は少なくなり、文部省の力が大きくなり、興亜教育を通して、「日満支」の大陸からアジア全体の指導民族としての自覚を涵養するようになった。この興亜教育も、青少年義勇軍を満州に送り出すことに重点がおかれていた。

第二次五ケ年計画は、二〇ケ年一〇〇万戸計画をめざし、一九四二年度以降五ケ年間に、一般開拓団民と義勇隊開拓民を含め二二万戸を計画目標とした。そのうち青少年義勇隊一三万人を計画目標とした。

この二二万戸の六〇%を一九四二年中に、あとの四〇%を一九四三年中に実現するという計画を立てた。

土地については、満州拓殖公社と満州国政府によって、すでに一九四一年までに、二、〇〇二万六、〇〇〇ヘクタールを取得し整備していた。この時点で、地価未払い面積は、九、二二四ヘクタールと公式に認めている。
二、〇〇二万六、〇〇〇ヘクタールの面積は、一〇〇万戸の農家に二〇ヘクタール与えても余りがある。

戦時非常時

この時期になると、戦時非常時になり、日本内地において、軍への動員、軍需産業、生産拡充産業への労働力動員が飛躍的に増大し労働力不足の状態が生まれていたので、一般開拓団、青少年義勇軍とともに、その送り出しには困難さが生まれていた。

こうした状況のもとで、日本は開拓団の送り出しを、日本の農村が満州に自分の村の分村（開拓団）を作る＝農村における分村化と、戦時統制のため都市のゆきづまった業界でつくる転業開拓団の編成に重点をおいて推進した。

分村化は、日本国政府が農村において、自分の村の土地の広さに比べ過剰とされる人口を満州に送り出して、自分の村が母村、満州に作った村が自分の村の分村となり、母村にも分村にも各種補助金を総合支給するというシステムであった。

転業開拓団

転業開拓団は、米・英・仏などとの断交による輸出・輸入の激減などによって統制経済になり、主としてゆきづまった中小商工業者などによって編成された。

興亜教育は、対米英戦争の遂行とアジアの指導民族として自覚を深め、天皇絶対追随の神道教育がなされ、県単位の青少年義勇軍の編成が第一四次・一九四五年まですすめられた。

満州建設のための興亜青年勤労報国隊

青少年義勇隊の編成・送り出しと合わせて満州建設のための興亜青年勤労報国隊の新たなとりくみが開始された。

この勤労報国隊は、日本の文部省・大東亜省・農林省が進めたものであるが、青少年が一定期間、満州において勤労を通して満州建国の意義を理解し、日満両国を通ずる食糧・飼料自給体制を強化するためにとりくんだ。

終戦までの時期、各種開拓団の実績

開拓団（一団は三〇〇人が標準。五〇人の団もある）

一九四三年　（第一二次開拓団）　七六団
一九四四年　（第一三次）　六五団
一九四五年　（第一四次）　四二団

青少年義勇軍
一九四三年　（第六次）　一〇、六五八人
一九四四年　（第七次）　七、七九九人
一九四五年　（第八次）　三、八四八人

興亜青年勤労報国隊
一九三九年　（第一年目）　八、〇六五人
一九四〇年　（第二年目）　一一、三九八人
一九四一年　（第三年目）　八、九五〇人
一九四二年　（第四年目）　九、九二八人
一九四三年　（第五年目）　七、二四五人
一九四四年　（第六年目）　六、一四六人
一九四五年　（第七年目）　四、五九一人

8　終末期の開拓事業

一九四四年（昭和一九年）は「決戦態勢第三年」の年といわれ、開拓団の成年男子は軍に召集され、かつ開拓団は戦時緊急食糧増産のため関東軍から生産を迫られた。

一九四四年には、関東軍は南方へ、太平洋諸島へと移動し、そのあとを補充するために、開拓団の成人男性の召集が始まった。

義勇隊戦時勤労挺身隊

義勇隊訓練生の臨時軍派遣が始まり、その任務は、「軍倉庫の警備力の強化並びに食糧現地自活に資する」であった。義勇隊の三年生が、中隊ごとに約一〇〇人になる人数を、軍倉庫の警備に当たらせた。

開拓団の経営不振、縮団の実施の動きも出てくる事態に見舞われ、入植者の確保は至上課題になった。

日本国政府は、満州の開拓団の働き手を、日本の農村の分村による五〇人規模の開拓団、都市の転廃業者による開拓団、青少年の興亜青年勤労報国隊の編成によって、開拓団への補充入植に力を入れた。

一九四五年に入ると、さらに軍への召集・徴用は激しくなり、開拓団側は、開拓団幹部の招集免除を求めたが、実際には幹部が一人もいない団になり、開拓団は女性と老人と病弱者の男性と、子供だけになってしまった。

青少年義勇隊は、訓練生の二年生も召集の対象になり、義勇隊員で「義勇軍戦時勤労挺身隊」を編成し軍倉庫からさらに鞍山製鉄、撫順炭鉱など事業所への派遣が進められた。

増産と小作化

それでも、内地の食糧難を救おうと終戦の日まで、増産出荷報国を第一目標にして老、若、女性が総力で農業生産に奮闘したのであった。

一九四四年の全満州の開拓団の穀類と馬鈴薯など農産物の出荷・供出は、九二六万トン、一戸あたり二トン弱まで上がった。

開拓団が耕作できない膨大な農地を、朝鮮人、現地満族など住民に小作として貸し付けて収穫をあげた。この収穫もこのなかに入っている。

一九四四年から開拓団の男子に対する召集が始まり、一九四五年には壮年者も含めて根こそぎ召集があったうえ、日本の食糧難を救う増産供出の要請があり、女性・老人・こどもが銃後のたたかいとしてとりくんだが、限界があり、実態として中国人の「苦力」と「小作」によって農耕はとりくまれた。

9　土地の取得について

拓務省は一九三五年七月「北満における移民の農業経営標準案」において、農業移民の経営規模は、二〇町歩（耕地一〇町歩、牧草採草地と林地九町歩、宅地など一町歩）とした。

一〇〇万戸移住計画と土地確保

「二〇ケ年一〇〇万戸移住計画」のために、満州国と満州拓殖公社は、一九三九年度末までに、一、九六〇万二、二〇〇町歩の可耕地を確保している。この土地取得は、終戦まで続けられている。二、〇〇〇万町歩、すなわちほぼ二〇万平方キロメートル。現在の日本の面積三八万平方キロメートルであるからその五割以上の広さということになる。

日本政府は二〇年間に一〇〇万戸移住計画を立て、一戸に二〇町歩与える広さであるが、第一期一〇万戸（一九三七―四一年）、第二期二〇万戸（一九四二年―四六年）の移住計画に対し一九四五年の移住者実績が二五万人であった。

一戸の開拓民にとって、二〇町歩とは畑地と一部水田の一〇町歩の自作農地と、村または部落地としての放牧採草地・山林など一戸一〇町歩である。

開拓団の営農方針

開拓団の営農方針は、「自家労力を主とし自給自足を原則とする自作農経営を標準とする。畑作を主とし、緬羊など家畜飼養を加えた混同農業を共同経営を取り入れる。」としていた。

この広さでは日本人農民の自家労働で農耕ができないので、北海道農法である主畜経営・機械化を推進した。

しかし全体には行きわたらず、農耕は中国人を農夫「苦力」として働かせて成立していた。それにしても余る膨大な土地を満州拓殖公社が中国人に「小作」に出していた。開拓民が地主になり、満州拓殖公社は巨大地主になっていた。

土地価格

土地価格について日本側と中国側から見てみよう。

日本側資料では、浜江省阿城県（ハルビンの近く）の土地の場合、日本人移民当局は、一九三三年一〇月時点で、一等地一ヘクタールの時価二〇〇元を五六元で買い取っている。

中国側資料では、関東軍が一九三四年一月に、三江省の依蘭と樺川、東安省の勃利などの可耕地を大規模に強制的に買い上げた、その土地価格は、一律に一ヘクタール（一町歩＝〇・九九ヘクタール）一元であった。当時、依蘭県の土地価格は、上等地は一二一元、荒地が四一元であった。

土地取得の方法

両国の関係資料にこのように違いがあるが、関東軍が強制的に中国農民の土地権利証書を取り上げ、民間人所有の銃を没収していった。買い上げた土地代金は満州拓殖公社から満州国政府に渡し、中国農民たちは満州国の地方の行政から代金を受け取るという仕組みになっていた。中国農民への支払いはますます減額された。

日本政府の満州開拓における土地取得の方法は、未耕地を開拓するのが基本方針であったが、実態としては現地住民の既耕地を買取り、住宅を立ち退かせるということであった。

この代金があまりにも安いことなどから、一九三四年三月、二、〇〇〇人を超す現地住民が、第一次「弥栄村開拓団」、第二次「千振村開拓団」などを包囲する土竜山事件が起こっている。

この現地住民の襲撃に対しては開拓民は関東軍の武力に依存するしかなかった。

満州帝国崩壊とともに満州から追い立てられる「悲劇」それはまさに満州開拓移民政策の結果であった。

10　終戦・逃避行・収容所

八月八日、ソ連は対日宣戦布告状を駐ソ日本大使に渡し、九日午前零時を期して、満州の東正面・北正面・西側からソ連軍の空爆・陸軍の怒涛のような満州への侵攻が始まった。

一九四五年八月九日午前一時、ソ連機による爆撃が牡丹江にあり、一時半、新京にもあった。この日、満州の東正面（牡丹・東安・虎頭）北正面（黒河・孫呉）西側はハイラル方面と内モンゴル方面からソ連軍が怒涛のように押し寄せた。

関東軍は、八月一〇日の朝、各部隊に全面作戦実施を命令した。

八月一二日、関東軍司令部は新京から、さらに南の通化に移動した。

このときも、関東軍は、ソ満国境をはじめ満州全域に広がった開拓団と青少年義勇軍に対し、対ソ「国境静謐確保作戦」・開拓団と青少年義勇軍は、ソ連に対して満州の関東軍や日本人が静謐を保持していることを示すために、そのままにし、移動させないと決定した。

終戦時、満州における開拓団は九二八団、二四二、三〇〇人（義勇隊開拓団含む）、訓練中の青少年義勇隊は一〇二中隊、二二、八〇〇人、であった。

開拓団の九〇％は、北満（ハルビン以北）と東満（ハルビン以東）に属し、この大方がソ連軍の満州侵入後、ハルビンを目指して移動した。

終戦直後のこの夜間移動・逃避行の過程に、集団自決、ソ連軍の攻撃、満軍（関東軍が現地中国人で編成した部隊）の反乱、現地住民の襲撃などによって、一一、〇〇〇人の死者を出している。

ソ連侵入から終戦をはさんで満州開拓団・青少年義勇軍の犠牲は甚大なものがあった。

その犠牲の最も大きい事件に触れたい。

麻山事件

一九四五年八月九日早朝、ソ連軍が国境になだれ込んできた。ソ満国境近くの哈達河開拓団（団長・貝沼洋二）は団本部から団員に本部に集結せよとの指令を出した。

八月一〇日午前八時、団員一、三〇〇人、馬車一八〇台で避難開始。三日三晩歩き続けた末、正午に麻山にたどり着く。先頭集団が麻山谷に到着したころ先頭集団は行く手をソ連軍に阻まれ、先頭集団は軍とともに応戦、戦死者多く、日本軍は敗退。婦女二〇人が連行される。後方からもソ連の戦車部隊が迫っていた。腹背にソ連軍・「敵」を受けては戦闘力のない開拓団としては動きがとれない。団長は団員に「もうだめです。皆さん、ここで死んでください」と自決を促した。団員は「私たちを殺してください」「自決だ」「降伏するのは日本人の恥、虜囚の辱めを受けまい」「沖縄にならえ」と次々に声をあげる。

男子三七人で組織された「斬込決死隊」が四百数十人の女・子供を介錯した。

その「斬込決死隊」は、日本軍とともに戦闘に参加したが、ソ連軍の銃火激しく、日本軍全滅の状態で、斬込隊約二〇人は山中に入った。

佐渡開拓団跡事件

ソ連との国境沿いの虎林県からの清和開拓団をはじめ二〇近い開拓団、五、六八四人が、一九四五年八月二〇日ころ、勃利に近い、すでに避難していた佐渡開拓団跡地に入った。このとき誰も日本の敗戦を知らず、ソ連と交戦中だと思っていた。

八月二四日夕、ソ連偵察機一機が佐渡開拓団近くに不時着した。血気盛んな開拓団員一〇余人が現場に駆けつけ搭乗兵と撃ち合いとなった。団員の一人が射殺された。ソ連の飛行機を炎上させ、搭乗員を射殺したが何人かは逃げた。

八月二六日夕、ソ連軍のトラック三台が白旗を掲げて進んできた。ソ連兵が日本女性を連行するときにこうしたらしい。決死を決めた開拓団側は、近づいて来たトラックめがけて機関銃を乱射、さらに手に手に鍬や銃をもって突っ込み、ソ連兵二〇余人を殺害した。これに激昂したソ連軍は、八月二七日早朝、一、二〇〇人の兵で大砲を打ち込み、豪雨のような掃射、一挙に開拓団を包囲、猛烈な砲撃を加えた。開拓団員二、〇〇〇人が殺戮された。

方正地区への避難

ソ連の満州侵入によって、牡丹江省二五、六五〇人、浜江省一一、七〇八人はじめ東満州の開拓団員家族八八、一七六人は、ハルビンをめざして逃避行の長途についたが、まもなく終戦になり、ソ連軍支配下の方正に、そのうち約八、六四〇人がたどり着き、方正難民収容所において避難生活に入った。この八、六四〇人のうち約四、五〇〇人が凍死、飢え、病気などで死亡している。

三つの難民収容所では、冬、毎日それぞれ一日に一〇人二〇人と出る死者を井形に組んで野積みしていく、春には異臭が街を及ぶようになり、ソ連軍の命令で砲台山の麓に開拓団を動員して運んだ。

人口二〇万人の方正に、残留孤児と残留女性が六〇〇人残った。

終戦時の日本政府の対応

八月一九日に日本の大本営は関東軍に次のように伝えた。「戦後、将来の帝国の復興再建を考え、関東軍総司令官はなるべく多くの日本人を大陸の一角に残置するよう計画すること、残置する民の日本人の国籍はどのように変更してもよい」と。

終戦になって、駐満州大使が、八月三〇日に日本政府に電報で、「在留邦人の流民化、死者続出。帰国を要す者推定約八〇万人の内地送還」を懇願したが、政府は同日、満州国大使に「過去統治ノ成果ニ顧ミ将来ニ備ヘ出来得ル限リ現地ニ於テ共存共栄ノ実ヲ挙ゲルベク忍苦努力スルコトヲ第一義タラシムル」ことを政府決定として指示している。

方正地区日本人公墓と納骨所

方正に住んで、中国人と結婚していた松田千恵さん、佐藤栄さんら女性たちは、砲台山の麓にある日本人の白骨があたかも日本軍国主義を恨むかのように地上にさらされているが、埋めてあげたら死者も同胞も喜ぶと思い、「もし許可が下りたら残留の私たちの手で埋めてあげよう」と相談し、埋葬と墓の建立を方正県人民政府にお願いする。

一九六三年五月二日に公安局から「あなたたちも日本軍国主義の犠牲者です。皆様は現在中国の社会主義建設のために積極的に協力してくださっているのです。墓碑の建立は人民政府の手でやることにきまりました」と、方正県と黒龍江省の人民政府、中央政府認可が下りたと、墓碑建立の知らせを受けた。こうして中国で唯一の満州開拓団の死者たちの公墓ができ、その後の文化大革命からも人民政府が保護し今日まで存続している。

第三章　静岡県から満州開拓団を送り出す過程

1　静岡県からの満州移民の規模

静岡県から満州に送り出した開拓団の人数は、開拓団員は三七団の六、一四七人で全国第一四位。青少年義勇軍の隊員数は四五隊の三、〇五九人で全国第六位となっている。その総数は、九、二〇六人で、全国第九位となっている。

静岡県における、満州へ開拓団を送り出す活動は一九三六年（昭和一一年）以降かなり活発であった。

満州開拓団の多い県は、長野が断トツで三七、八五九人、続いて、山形、福島、新潟、宮城、熊本、岐阜、広島、高知と続き、農村不況に最も大きく直撃された東北の各県などこれらの県に伍して静岡県も満蒙開拓に積極的にとりくんだ県といえる。

開拓団と青少年義勇軍の送り出し人数は次のようになっている。

全国混成開拓団　二七団　五一二人

静岡県単独開拓団　一〇団　四、五二七人
静岡県の開拓団総数　三七団　五、〇三九人
全国混成青少年義勇軍　四五隊　四二二人
静岡県単独青少年義勇軍　八隊　一、九三三人
静岡県の青少年義勇軍総数　五三隊　二、三五五人
（資料出所・静岡県・静岡県送出元満州開拓民の概要他）
（団・隊と人の数は、静岡県民生部援護課「静岡県送出満州國開拓民の概要」一九五五年による）

2　在郷軍人会の静岡県下における軍事講演会

満州事変直前から、静岡県内全域において、満州における日露戦争以来の日本の権益の護持のため、関東軍の行動は真に自衛権の発動だとして、国論喚起の講演会や市民大会が開かれている。

一九三一年九月二七日、帝国在郷軍人会小笠郡平田村分会が周辺三つの分会と共催して、

静岡・歩兵34連隊、満州に出動。1934年4月18日。連隊長オープンカーで行進。駿府城から静岡駅に。

浜松飛行第七連隊の石原寛次少佐を講師に、一、五〇〇人の村民を集めて、国防思想普及講演会を開催している。この分会は堀の内、掛川でも講演会を開いている。

駿東郡在郷軍人分団長会議は、同年九月一一日に、沼津市自治会館において、静岡連隊区相良司令官列席のもと企画し、御殿場公会堂を皮切りに同郡はじめ沼津市など一一ケ所で軍事講演会を開いた。

田方郡在郷軍人連合分会は三島町記念館、大仁高女などで軍事講演会を開く。

浜松飛行第七連隊が、東京日日新聞撮影の日支交戦の記録映画をもって静岡、清水など全県県下で映画会を行い、群がる大観衆に大きな感動を与えた、と同新聞は報じている。

武装移民団第1次500人が明治神宮参拝。1次から4次まで東北の武装移民が中心。静岡県は第4次から参加。

一九三二年一一月八日に満蒙問題浜松市民大会が、同年一一月七日に満蒙問題祈願静岡市民大会が、「軍の行動は自衛権発動」と一戸一人動員で開かれている。

この在郷軍人会こそ、一九三七年の第一次、第二次の、満州武装移民団であり、静岡県も参加した第四次武装移民の中心の担い手であった。

3　県行政の強力な取り組み

静岡県からこのように多くの満州開拓団を送り出した過程を追ってみよう。

開拓団

静岡県の最初の開拓団の募集業務は、拓務省からの指示で、一九三五年の第四次開拓団の募集から始まっている。拓務省から静岡県へ、第四次の配当数として一〇人が指示され、県はこれを期日内に応募手続きを済ませ、一〇人の合格者を出している。一〇人は哈達河開拓団に入団した。

拓務省は、第四次から、募集対象地域を東北中心から全国に広げ、武装移民・在郷軍人中心でなく一般農民も差し支えないとなった。さらに妻帯者を主とすることになった。第五次は在郷軍人・武装移民を止め、資格も一般農民、妻帯者を主とし、独身者も良しとした。第五次までは試験移民として取り組み、静岡県は引き続き国からの要請を受け、開拓団の募集を進めている。

一九三七年広田内閣になり、「一〇〇万戸満州移住計画」を決定し、この年を第一期五ケ年計画の初年度とし、試験移民でなく本格移民とした。

応募対象地域は全国になり、一般農民で妻帯者を主とし、開拓団の送出計画が積極的に進められた。静岡県はこの指示に基づいて次のように開拓団を送出した。

全国混成開拓団

第四次開拓団から第九次までは、複数県の混成開拓団として編成された。

第四次　一九三五年三月　蛤達河開拓団
第五次　一九三六年七月　朝陽村開拓団　永安屯開拓団
第六次　一九三六年六月　静岡村開拓団
第七次　一九三八年四月　天領開拓団
第八次　一九三九年—四〇年　華陽開拓団

静岡県単独開拓団

一九四〇年から、静岡県単独で開拓団を編成することになり、団員は、先遣隊、そして本隊、さらに補充と数次にわたって送り出されるようになった。

第九次　一九四〇年　芙蓉村開拓団（藤枝市、焼津市）
第一〇次　一九四一年　龍山福田開拓団（磐田郡福田町）
湾甸子富士郷開拓団（富士郡）
西静岡開拓団（志太郡）

第一一次　一九四二年　周家川根開拓団（榛原郡中川根村）
第一三次　一九四二年　浜松郷開拓団（浜松市）
駿府郷開拓団（静岡市）
咸城岳南開拓団（全県）
集合一次　一九四五年　海城清水郷開拓団（清水市）
集合二次　一九四五年　大井郷開拓団（志太郡）

青少年義勇軍

静岡県から満州に移植した青少年義勇軍は一九三八年の第一次から始まる。

全国混成青少年義勇軍

第一次　一九三八年　高橋中隊・日高義勇隊開拓団
油田中隊・大和郷義勇隊開拓団
大沼中隊・圏泡義勇隊開拓団
小島中隊・二道溝義勇隊開拓団他一四中隊

第二次　一九三九年　崎園中隊・勝武義勇隊開拓団
見田中隊・善隣義勇隊開拓団
川崎中隊・図南義勇隊開拓団他一二中隊

静岡県単独青少年義勇軍

第三次　一九四〇年　植松中隊・清渓義勇隊開拓団
第四次　一九四一年　石合中隊・龍北義勇隊開拓団　鈴木中隊・大成義勇隊開拓団
第五次　一九四二年　木下中隊・北斗義勇隊開拓団　池谷中隊・大公河義勇隊開拓団
第六次　一九四三年　匂坂中隊　渡辺中隊
第七次　一九四四年　神田中隊
（匂坂・渡辺・神田の三中隊は現地訓練所で訓練中のためまだ義勇隊開拓団はもっていなかった）

静岡県の市町村に対する行政指導

静岡県は国からの配当数を完遂するために市町村に強力な指導を行っている。

県のこの募集業務は単なる任意の募集でなく、市町村に配当数を与え、市町村がゼロ回答の場合は、次のような文書要請をしている。

静岡県の青少年義勇軍募集通達に対して、伊東市に合併する前の小室村が応募者がゼロであったために、県は次のような文書を一九四一年一月二〇日付けで、同村村長に送っている。

「満蒙開拓青少年義勇軍送出は、現下内外の情勢に鑑み、まことにゆるがせにすべからざる儀に有之候。本県に於いては、政府の指示に基づき、本年度小学校卒業生を主体として、郷土部隊二ケ中隊七〇〇名編成の計画を樹立し、既に二回の選考を了し、約四九〇人の少年を採用を致したる次第に御座候。而して郷土部隊は、本県を代表する東亜共栄圏確立の先駆者として、普く全県下より有為の人材を蒐め、真に郷土の代表たる実を挙げ度存候処、貴町（村）に於いては未だ今回の部隊編成に参加者無之、遺憾に存候については、次回選考期には、必ず貴町（村）を代表すべき青少年を参加せしむるやう御配意相煩し、本事業達成のためのご協力相煩し度、特に御依頼申上候」

県は、市町村に厳しく対処しているが、同じように県は国の指示に厳しく対処している。中央集権による義務的な行政である。

義勇軍府県別送出番付（昭和17年4月4日現在）

東

番付	府県	人数	番付	府県	人数	番付	府県	人数
横綱	長野	四、七六七	前頭	茨城	一、五八四	前頭	愛知	一、二一二
大関	山形	二、九二七	同	宮城	一、五〇六	同	青森	一、一三六
関脇	福島	二、三〇六	同	埼玉	一、四六六	同	富山	一、一三四
小結	静岡	二、二四七	同	岩手	一、四二九	同	北海道	九八〇
前頭	新潟	二、一二七	同	群馬	一、三九四	同	秋田	九七二
同	栃木	二、〇四三	同	山梨	一、二八六	同	千葉	六〇〇
同	石川	二、〇〇九	同	東京	一、二六三	同	神奈川	二八三
同	岐阜	一、八八二	同	福井	一、二五九	同	朝鮮	二〇六
合計								三八、〇一九

蒙御免	
取締役	拓務省開拓総局 長野県
勧進元	満蒙開拓青少年義勇軍本部
年寄	満州移住協会 満州拓殖公社 南満州鉄道株式会社

西

番付	府県	人数	番付	府県	人数	番付	府県	人数
横綱	広島	三、一六三	前頭	徳島	一、四〇八	前頭	長崎	一、〇五四
大関	熊本	二、一六三	同	大阪	一、三六四	同	島根	九九五
関脇	山口	一、八三八	同	兵庫	一、二四八	同	滋賀	九五四
小結	香川	一、七四六	同	大分	一、二〇三	同	三重	九一一
前頭	鳥取	一、六六四	同	佐賀	一、一七四	同	高知	八四八
同	鹿児島	一、五五〇	同	和歌山	一、一四二	同	福岡	八一二
同	愛媛	一、五四六	同	京都	一、一三〇	同	奈良	八〇〇
同	岡山	一、四六九	同	宮崎	一、一〇四	同	沖縄	五〇〇
合計								三一、七八六
総計								六九、八〇五

（下伊那教育会所蔵）

静岡県開拓民訓練所の開設

一九三七年二月に、拓務省の助成金で、静岡県開拓民訓練所を引佐農学校内に開設した。第六次・静岡村の応募者が最初にここで訓練を受けた。以後、県内の開拓団応募者はここで訓練を受けている。

この訓練所において、開拓民の共同生

活に対する覚悟、渡満後に必要となる精神的訓練を目的とし、一ケ月にわたって実施する。訓練科目は、皇国精神と皇国運動、満州農業の鍛錬、自衛教練・銃剣術、などである。

この訓練所では、開拓民、青少年義勇軍隊員募集のため、全県の行政、教育会、青年団体の関係者を集めて満蒙拓殖事情講習会など多様な研修活動を進めている。

県はこうした満州への開拓団を送り出す直接の行政とともに、山村ぐるみ満州へ開拓団を送る山村の経済更生運動と、青少年義勇軍を送る興亜教育運動を積極的に推進している。国と県に委託されて、静岡県満州移住協会がその具体的な実務を推進した。

4　県下における経済更生運動の取り組み

「満州事変」の経済的な背景として、全国的な農山村の不況があった。その対策として一九三一年（昭和六年）から、政府は、農山村経済更生運動を訓令し、一九三六年（昭和一一年）になって、農村の土地・資源と人口の不均衡の問題、それは次男・三男問題であったが、これらの問題を解決するために、満州に分村を作って村民を移民し、そのうえで母村の恒久的な発展をはかるという村の経済更生運動が具体化してきた。

経済更生運動特別助成村

一九三六年から、経済更生運動の特別助成村を国は指定した。静岡県も三八町村が指定され、特に分村計画を負う七町村が指定された。

富士郡の富岳、白糸、芝富。駿東郡の愛鷹、原里。浜名郡の知波田。榛原郡の中川根。

静岡県は、市郡町村に一九四〇年（昭和一五年）七月一九日に、「経済更正特別助成協議会指示ならびに注意事項」なる指示を出している。その七項には次のように書かれている。

「農山漁村の経済更生を徹底せしめ村の恒久的安定を図るには、其の根本策として村内資源と人口の不均衡を調整すること極めて肝要なり。其の不均衡打開策としての満州分村計画を実施、満州農業開拓民の送出は経済更生上斯く重要なるのみならず、又一方わが民族の大陸発展及満州開拓の促進の為、非常時局下重要国策にして其の達成に協力せざるべからず。斯く本事業の重要性に鑑み、分村計画樹立町村に於いてはその計画の遂行、本計画なき村に於いては分村計画の追加、樹立または開拓民の送出など、なお一層の努力を致されたし。」

この、分村開拓団は、中川根町において典型的に推進され、分郷開拓団は富士郡において推進された。

転業開拓団

この経済更生計画と並んで、国・県が推進した、転業者開拓団の送出の施策も、満州に開拓団を送る上で大きな力であった。

欧米との貿易の断絶、戦時経済への転換のなかで、さまざま商工業者が行き詰まり、県は、一九四一年（昭和一六年）一月二五日、「昭和一五年度転業者開拓農民募集に関する件」通牒を、市町村長に出している。

要職業転換者を満州開拓民とし転業させ、この人たちの生活の安定と開拓政策の促進に資するため、開拓農民として募集した。

福田開拓団は別珍コールテン業者の人たちが、駿府郷開拓団は青果商の方がこの制度を活用している。

こうして満州に送り出される人たちは、まず引佐郡金指町にある静岡県満州開拓民訓練所で、精神訓練や満州農業の訓練を、一ケ月あるいは四五日間受ける。この間の訓練所往復旅費は県から、家族援護資金は国から支給される。

5　興亜教育運動と青少年義勇軍

特に青少年義勇軍を送り出す上で決定的な力になったのが県教育会・郡教育会の進めた興亜教育運動である。

日中戦争のあと興亜教育運動が起き、青少年義勇軍の募集と結合した興亜教育運動が「拓務訓練」という形で、静岡県と県下の郡市の教育会によって小学校高等科二年生男子を対象にして一九三九年から、熱心に取り組まれた。

「拓務訓練」とは、天皇の勅語聖旨、国体観念、戦時国策、大陸発展などの授業と開墾・行軍・教練など実務を通して子供たちが勤労精神、仲間との結束、希望を取得し、青少年義勇軍に志願するという目的を持ったものである。

特に富士郡教育会は創意的に積極的に取り組んだ。

富士郡教育会は、興亜教育運動が起きるはるか前、昭和初期の大不況の中、一九三二年から、小学校の卒業生の就職指導のため職業指導研究会をつくり進路指導にあたり、一九三七年五月から、大宮職業紹介所長、県職業課担当者、富士郡下教員とともに三〇余人からなる職業指導部を設置し、子供に適職を授ける活動を続けていた。

一九三八年に入って転機を迎え、職業指導部は青少年義勇軍を送り出す教育に転換した。

拓務訓練

富士郡教育会幹部らが、一九三八年四月に静岡県拓務訓練所で開催された、静岡県と県海外移住協会主催の満蒙拓殖事情講習会に参加し、青少年義勇軍は国策の重要な一環であることを学習したこと、続いて教員の内原訓練所の視察などを行い、この夏に郡教育会は富士山の麓で児童七四人、教員五二人の「拓務訓練」を一週間の合宿で行った。

さらに、同年秋に県教育会が主催した「鮮満支学事視察」に郡教育会幹部が参加し、満州開拓団を現地で研修し、いよいよ青少年義勇軍編成の決意を固め、帰国後から一九三九年二月ころまで郡下で義勇軍啓蒙活動を展開し、八三人の希望者を獲得した。

富士教育会と富士小隊

一九三九年に郡教育会が編成した全国初の郷土小隊『富士小隊』が誕生し、第二次青少年義勇軍として六八人が内原に入所した。

この富士小隊誕生の経験が、一九三九年、満州移住協会が機関誌「新満州」五月号に報道記事として、八月には「義勇軍富士小隊」という小冊子によって全国に紹介された。さらに拓務省は、同年一一月に各府県学務部長あて「小隊編成拓殖訓練実施要項」を通達し拓務訓練の実施方法を具体的に指示した。

富士小隊が誕生した一九三八年から一九三九年初めの経験は興亜教育とは無関係であったが、この拓務省と満州移住協会の指導が、富士小隊の「拓務訓練」を興亜教育の具体化として全国化したことから、富士小隊が興亜教育の原点・具体例として位置づけられた観がある。

静岡県下においても、一九三九年以降、賀茂、小笠、志太、榛原、田方の各郡における興亜教育運動が、青少年義勇軍を満州に送り出すという目標のもと活発に展開された。一九三九年には、賀茂郡拓務訓練所が発足し、志太郡においても大井川に日輪兵舎を造り拓務訓練を実施した。

一九四〇年・第三次青少年義勇軍・植松中隊の編成から、興亜教育の成果として、郡・市単位の郷土小隊、県単位の中隊が生まれた。

静岡県下におけるこの興亜教育運動こそ、静岡県を、青少年義勇軍の満州送出において全国六位に高めた力であった。

6　静岡県の分県を目指した静岡村と鎮東県の四開拓団

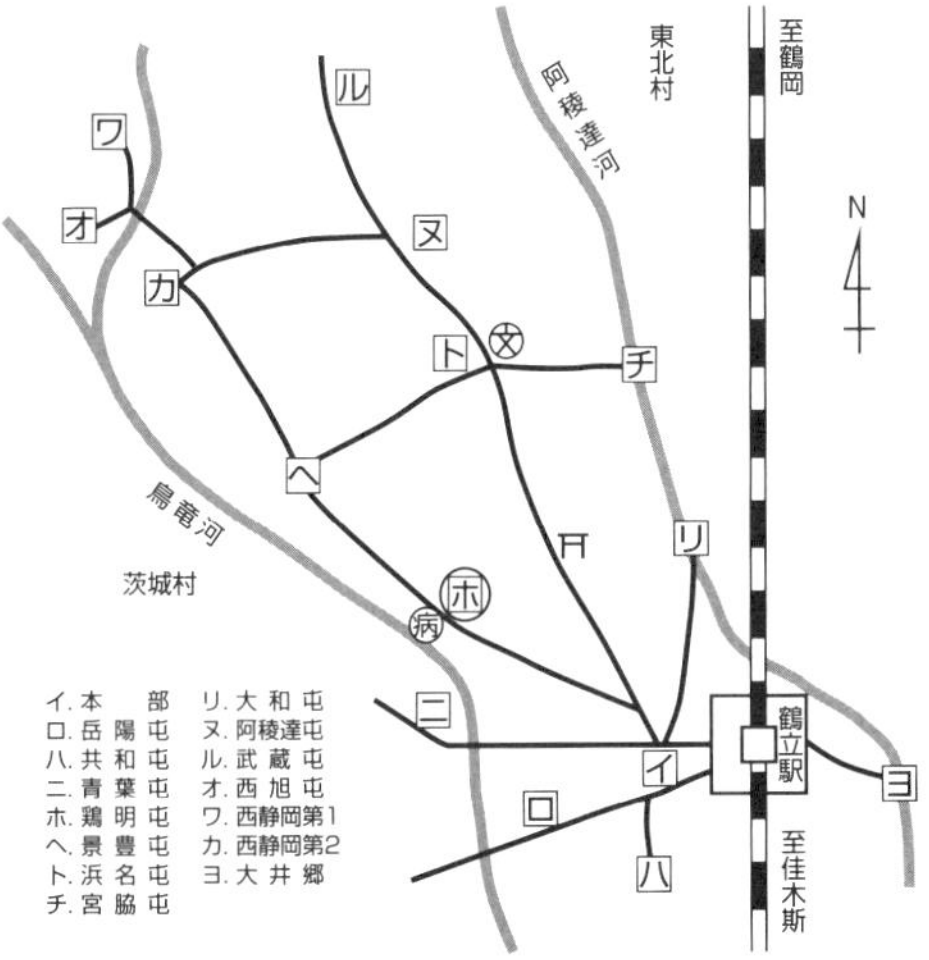

静岡村の広がり

満州の二つの地域において、静岡県の開発拠点を建設する努力がなされた。

一つは、三江省鶴立県の静岡村である。

もう一つは龍江省鎮東県白城市である。

三江省鶴立県に大静岡村の建設を目指して

静岡村団長の得能数三氏は静岡県人であったが、第二次千振村開拓団と第四次哈達河開拓団の幹部として指導体験をされ、その経験を活かして、大静岡村の建設を目指した。

得能さんが団長をつとめる静岡村は、佳木斯の北方二〇キロの地点・鶴立にあり、土地の広さは南北約四キロメートル、東西約一二キロメートルの細長い平坦な地域で、耕地の七〇%が既耕地で地味肥沃な土地であった。

一九三七年、得能団長は、静岡県から先遣隊が入ったとき、静岡村と名づけようとしたが、日本の拓務省から入植者が二〇〇戸に達しないので団名を東海開拓団にせよとの通達を受けた。得能団長は静岡県の取り組みの意気地なさを憤慨しつつ、この通達を何といっても承服できないとして、静岡県に二〇〇戸にするよう新たな派遣を要請し、拓務省には団名変更は承服できないと抗議文を送った。

このあと、得能団長は、静岡県に何度か足を運び、静岡県の米穀商組合や志太郡静浜村の分村運動の人々と、西静岡村開拓団を編成し一九四二年三月に、静岡村の西隣に迎え入れた。

さらに、得能団長は西静岡村開拓団の静浜村出身者とともに静岡に足を運び、志太郡静浜村に海軍航空基地の建設に土地を拠出する農家を中心に、大井郷開拓団を編成し、一九四四年一月から静岡村の東隣りに迎え入れた。この二つの開拓団編成に、加藤弘造衆議院議員（県会議員から一九四二年四月から衆議院議員）が尽力している。

静岡村は、一九四三年に西静岡村と合併しかつ大井郷を迎えて大静岡村になる。終戦時に在籍者八〇四人を数えた。

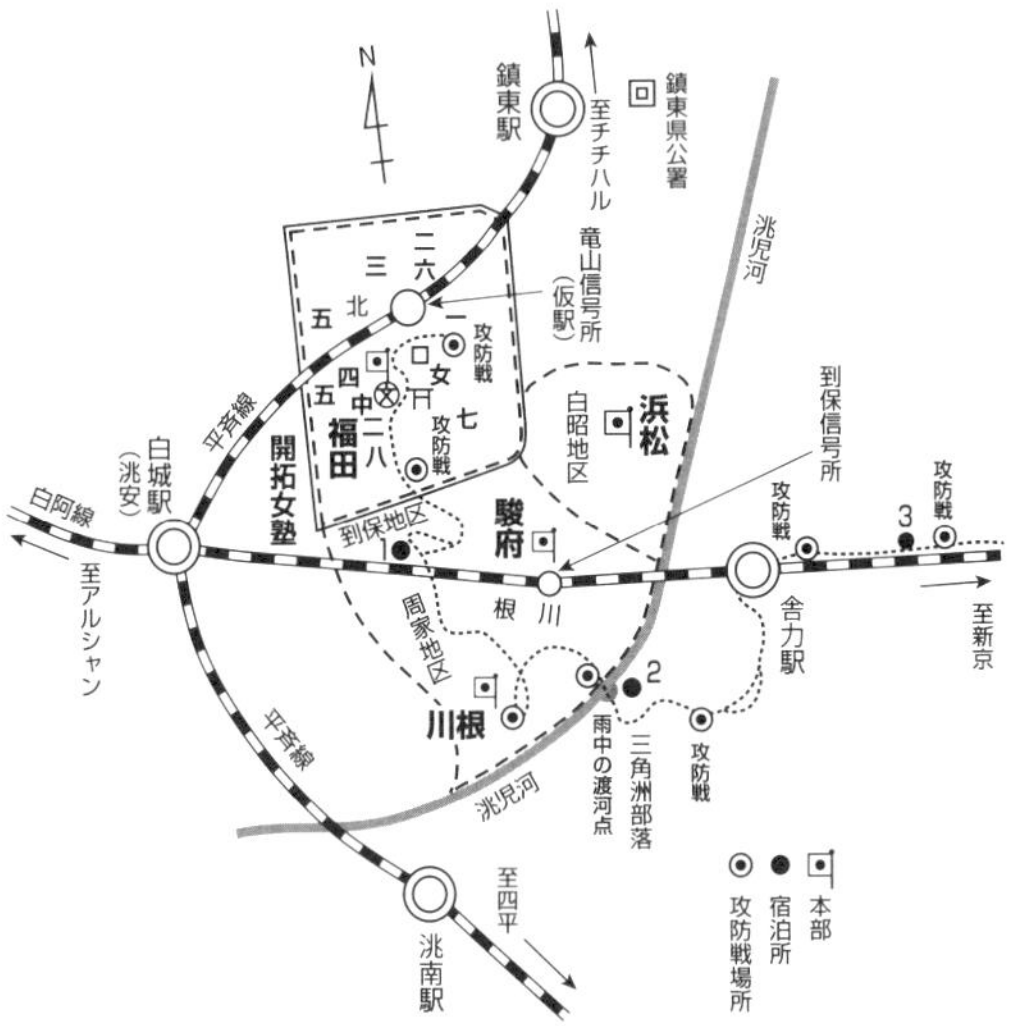

鎮東県「静岡県の分県」の広がり。
静岡県4つの開拓団と開拓女塾がある

龍江省鎮東県白城市に「静岡県の分県」建設を目指して

静岡県は満州国龍江省鎮東県との間において、一九四〇年時点で、鎮東県白城子市の五万町歩の広大な土地に、静岡県から四つの開拓団が入植する「鎮東県四ケ団総合開拓団」建設が合意され、関係者の間では静岡県の分県として考えられていた。その第一陣として、一九四一年に福田開拓団が入植した。この後、鎮東県公署から副県長の長井健爾氏が毎年静岡県を訪れ、静岡県からも県軍事厚生課拓務係が渡満し、一九四二年に川根開拓団と、一九四三年に駿府郷開拓団を、一九四四年に浜松郷開拓団を現地に迎えている。

また一九四二年には省立龍山開拓女塾を設立し静岡県から女塾生を迎え入れている。

この間、戸別経営が団ごとに行われていたが、終戦直前に共同経営に転換していく。青壮年男性は全員が根こそぎ召集され、治安も緊迫する過程で、満州国三江省本部に省内全開拓団会議の招集通知が伝達された。この会議で非常事態宣言が発せられ、同時に鎮東県の開拓団全体で「開拓総隊」が結成され、龍山福田と開拓女塾は北部隊、川根、駿府、浜松は南部隊に組織され、営農は総て共同経営に切り替えた。終戦時の逃避行は南北が別々になってしまった。終戦時には四団と女塾で二二二四人であった。

7　関東軍の翼下にあった青少年義勇隊

青少年義勇軍は、一九三七年七月の日中戦争勃発直後に開かれた関東軍の会議が生み出したものである。

満州最東端と最北端に配備

全国からのたくさんの青少年義勇隊の中で、静岡県から県単独の八つの青少年義勇隊の、そのほとんどが対ソ東正面の満州最東端と対ソ北正面の満州最北端に配置された。満州の農地は東満州と北満州に大平原となって広がっている。

東満州の東端に完達山嶺があり最東端のソ満国境に烏蘇里河が流れている。その河畔に東安省饒河県がありここに一九四三年に植松中隊が清渓義勇隊開拓団を拓いた。その完達山嶺の西端の勃利訓練所に匂坂中隊と神田中隊が配置された。

北満州の北端に小興安嶺山脈があり最北端のソ満国境に黒龍江が流れている。その黒龍江沿いにある黒河省大額訓練所に静岡県の四つの青少年義勇隊が入り、一九四四年に黒河省龍北に石合中隊が、同省大成に鈴木中隊が、少し遅れて同省大公河に池谷中隊が、それぞれ義勇隊開拓団をつくり、小興安嶺山脈の南側の北安省北斗に木下中隊が義勇隊開拓団をつくった。

関東軍は、対ソ東正面には第五軍の多くの部隊が、対ソ北正面には一二三師団と一三五旅団が陣地を敷いていた。この地に配置された静岡県の青少年義勇軍は、これらの部隊に召集され、徴兵適齢前の隊員は軍役奉仕に長期動員された。

対ソ満州東正面に静岡県の青少年義勇軍が配置される

関東軍への軍役奉仕と召集

一九四一年に独ソ戦争が勃発し満州周辺のソ連軍が西へ動いたなら関東軍は対ソ戦を、と関東軍特別大演習が取り組まれたときに、すでに満州にいた植松中隊と、到着したばかりの石合中隊と鈴木中隊は全員が野戦貨物廠の軍役奉仕に参加している。

その後一九四四年から、軍への召集が始まり、清渓義勇隊開拓団（植松中隊）

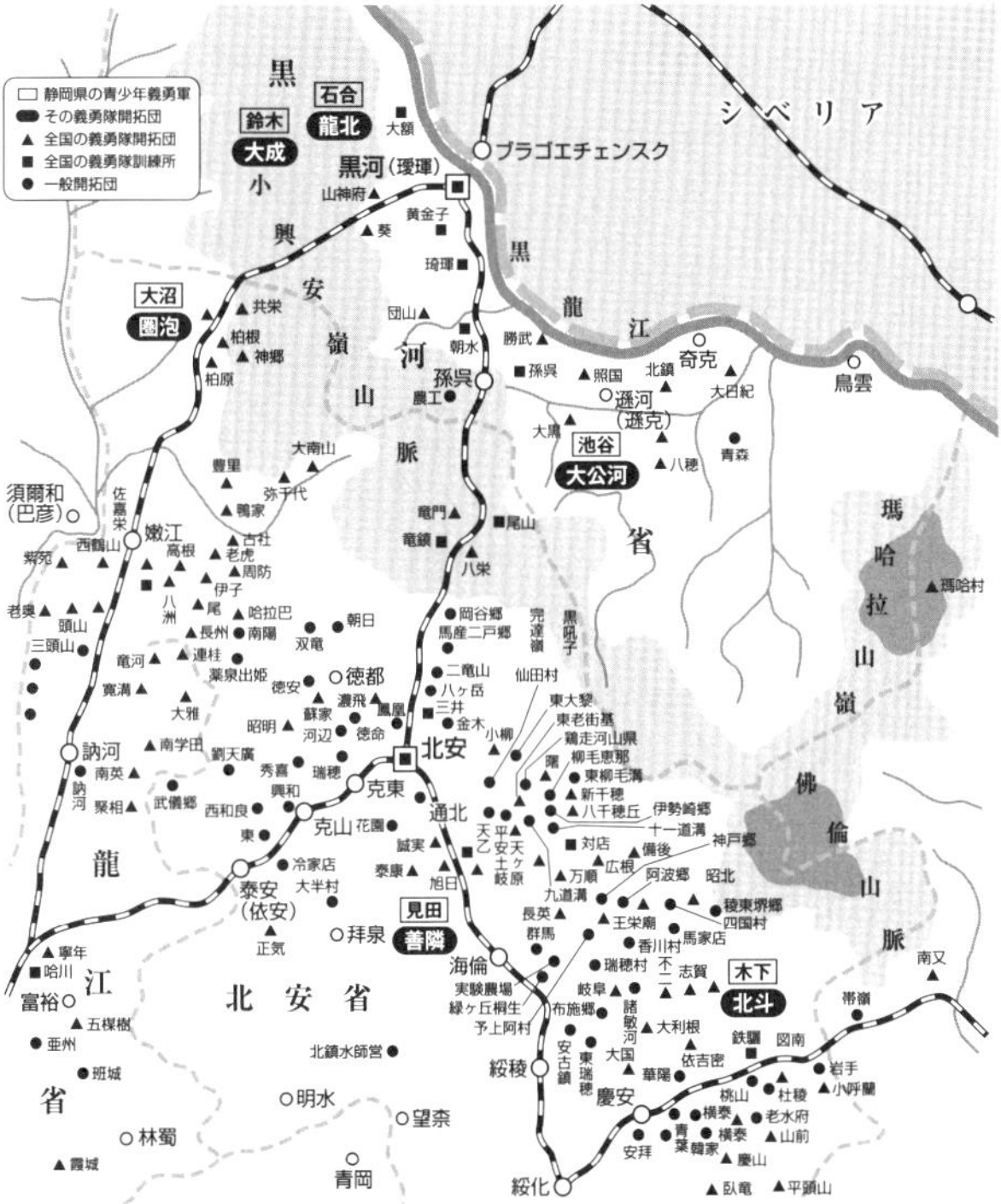

対ソ満州北正面に静岡県の青少年義勇軍が配置される

二〇〇人のうち一九〇人をはじめ、徴兵検査適齢年齢を一九才に引き下げたこともあり、石合中隊、鈴木中隊、池谷中隊、木下中隊まで身長などで合格すれば召集されている。

召集されない隊員、徴兵年齢前の匂坂中隊、神田中隊の隊員もおおかた関東軍へ勤労挺身隊として組織派遣され、軍の倉庫警備、食糧関連、軍役奉仕の任についている。

義勇軍開拓団の隊員が、満州で根こそぎ召集者とともに前線で経験し、見たのは、装備する兵器も与えられず、ソ連戦車に対し爆弾を抱えて挺身肉迫攻撃の演習であった。現実に、原野に穴を掘り爆弾を抱えて潜んでいて戦車に突っ込んでいった兵士、突っ込めなくて犠牲になった兵士、穴にいて助かった兵士などであった。

義勇隊訓練所幹部になった関東軍退役軍人

関東軍退役軍人が青少年義勇軍の満州現地訓練所の幹部になるケースがあり、大額訓練所も一九四四年、三代目所長になった松本大佐の仕打ちは悪名高い。

一九四四年四月五日朝、松本大佐らがトラックで池谷中隊に現れ、隊員を外に並ばせておいて、宿舎の所持品検査を行い、支給品のない隊員、タバコを持っていた隊員など、三〇数名が大額訓練所本部に連行された。本部前の露天に三昼夜立たされ倒れるとびんた、鼻や口から出血。三日間の絶食、七食目から粥。この後、本部前に広場を作る作業に監禁状態で使役され、事あるごとに対抗びんたを強要され、頬は血が滲み、目は充血、顔は腫れ上がり血で真っ赤に染まった。七ケ月後一〇月中旬に強制労働から解放される。

このとき隊員は、「日本刀で所長をぶった切るのはたやすい、おれたちは喧嘩に来たのではない。新しい村づくりが目的だ。皆このくやしさを忘れるでないぞ、立派に最後までがんばるんだ。」と心に誓った。

8　龍江省立龍山開拓女塾と静岡県女子拓殖訓練所

青少年義勇隊員が満州現地で三年の訓練所生活を終えると、広大な土地を与えられて義勇隊開拓団としていよいよ永住を夢見て農業に入る。

義勇隊開拓団の永続・発展にとって、団員が結婚し生活を持つことが不可欠である。鍬を振るっても後継者がいないのでは困る。一般開拓団の単身者にとっても全く同じである。

一九四二年から第二期満州開拓計画に入ると、日本の拓務省も満州国も静岡県も、満州への花嫁の送り出しを国家事業として取り組んだ。

静岡県から送り出された青少年義勇隊隊員は、一九四二年までに、三年の訓練が終わって義勇隊開拓団に移行した第四次までの隊員は一、一七九人になっている。隊員は、三年の訓練期間が終わったときに一ケ月ほどの日本への里帰りがあるが、伴侶同伴で開拓地に帰るケースは限られている。

静岡県の場合、満州国の龍江省に開拓女塾を、静岡県内に女子拓殖訓練所を設けて対応した。

龍江省立龍山開拓女塾

龍山福田開拓団は大陸花嫁の修養育成を目指して開拓女塾の創立を企画したところ、満州国龍江省開拓課と同省鎮東県の熱烈な支持を得て、龍江省省立の龍山女塾として一九四二年に創立できた。

静岡県と福田町が推進し、加藤弘造夫妻などの協力によって、この年の一一月に二一人の第一期女塾生の現地入植を完了した。女塾生はここで思う存分、力の限り働くと胸をとどろかしていた。

一九四五年までに、龍山福田開拓団は、女塾生を四期生まで一二八人と一三人の幹部先生を迎えた。龍江省内の義勇隊開拓団員、一般開拓団員は双手を挙げて歓迎した。女塾生は入塾の日から各部落へ出かけて勤労奉仕をしたが、出征留守宅にはほんとうに喜ばれた。静岡県の四開拓団だけでなく、龍江省の青少年義勇隊開拓団への五日間の激励訪問は、満州への入植以来初めての日本人女性との青空の下での歌の交換、手作り料理、洗濯、つぎもの奉仕など隊員は感激し、別れのとき、全員総出の見送りはトラックが見えなくなるまで手を振るのだった。

しかし女塾生にとっては厳しいものがあった。戦後になって矢崎秀一氏（龍山福田開拓団団長）自身が座談会で語ったところによれば、「一九四二年の一期生は二一人、このうち大陸花嫁になったのは一〇人、あとの方は内地に帰っている。さらに、一九四五年の第四期生は隊員たちがこの年から召集され一人の見合もなかった。」ことを初めて明らかにしている。

花嫁にならなかった女塾生たちは、お国のための「女塾のクーリー」と自分たちを呼びながら働いていた。

女塾生の募集業務は、静岡県、福田町、とりわけ静岡県婦人興亜協議会が取り組んだ。

ソ連軍の白城市侵入を恐れて、乙女の生命とも言うべき黒髪を先生はじめ女塾生は次々断ち切り男装した。女塾生も丘の上で昼夜歩哨に立ち必死の任務に当たった。

敗戦後、龍山地区からの脱出と避難生活は龍山福田開拓団と行動を共にした。一六日間に及ぶ逃避行のあと新京南方の公主嶺と新京と四平の三つの街で、居留日本人の家庭に分散した。女中になったり、中国人の店の豆引き、饅頭売り、コークス拾いをして冬を越し生き抜いてきた。この間に一〇人が死亡。帰国は、龍山福田開拓団と一緒であった。

龍山開拓女塾一期生の山下はつさんは中国に残りチチハルの病院で働き、二期生の紅林ことさんも中国に残って生活を続けていた。

山下はつえさんは、女医になり、日本へ一時帰国したが、今日なお中国東北で生活している。

紅林ことさんは、一九九五年三月に帰国し磐田市に里帰りしている。その五〇年間の中国における全生涯を、寺田ふさ子さんが、『黄砂が舞う日』（第七回蓮如賞受賞作品・河出書房新社・二〇〇二年刊）に克明に描き記録している。龍山福田開拓団に隣接した開拓団に嫁ぎ、一九四五年八月、ソ連侵入後に、この開拓団は集団自決を行うが、ことさんは日本刀が胸を貫く傷を負いながらも息を吹き返し、中国人に救われて生きる数奇な生涯であった。

結婚した中国人の夫は胃が弱く、ことさんはその生涯、共同農作業に参加し、子供を七人生み、四人が成長する。

子供とともに日本鬼子と言われ、日本兵に夫を奪われたという中国人女性から満州侵略を責められ、苦しみに耐える。

ことさんは、一人の中国人になりきろう、夫と同じ地の土になろうと思う。しかし、夫が亡くなり子供たちが自立した一九九五年三月に、日本の市民運動の呼びかけにこたえて帰国する。

ことさんは、寺田ふさ子さんに「私は中国人に命を助けられた。この恩は生涯忘れない。もし中国と日本が逆の立場だったら、日本人は中国人を助けますか」と問い返したという。

ことさんは、いまも磐田市で、子供三人、孫たちと生活している。

静岡県女子拓殖訓練所

拓務省は、一九四三年に入ると各県に対し、満州開拓移民の花嫁斡旋事業の強化を指導し、静岡県においても郡と市に一人以上の花嫁斡旋指導員を配置して、満州の開拓女塾に塾生を送っている。

静岡県は、同年七月二一日から一ケ月間にわたって、開拓女塾生と渡満希望の二〇人を集めて静岡県女子拓殖訓練所を開設した。

県は、常設の静岡県女子拓殖訓練所を小笠農学校に併設し、一九四三年一一月一五日に落成式を挙げた。ここで、一六才以上の未婚の女性を対象に、長期訓練と短期訓練とを行ったが、短期訓練は一九四五年三月までに一六回行い、六五〇余人の受講者を出している。

当時の静岡新聞によれば、「一九四四年の三期生は、静岡県女子拓殖訓練所の訓練修了式の日に、帰郷中で参列した四人隊員と婚約され、花嫁への申し込みが殺到した」と書かれている。

この静岡県女子拓殖訓練所を支えたのは、県婦人興亜協議会であった。静岡県婦人興亜協議会は、一九四四年三月二九日に結成式をもち、加藤つなさんを理事長に、県下の全郡・市の「婦人会」の幹部層を網羅した七〇〇人からなる組織であった。展開した事業は、青少年義勇軍と花嫁の斡旋指導、青少年義勇軍と県人の大陸視察応援、在満県人の子女の留日学生の激励などであった。

青少年義勇軍への少年たちの志願をさえぎるのは母親・女性であった。例えば『満州の土に生きて』編集委員会が行った、静岡県の元青少年義勇軍隊員に向けたアンケート「青少年義勇軍に志願したとき両親の賛否は」に対して、回答者一五五人のうち、両親が反対したのは八九人、賛成したが六六人であった。母親に絞って賛否を聞いたならば、もっと反対が多いことは明らかである。

しかし、県婦人興亜協議会は、大東亜戦争に勝利を生むのは花嫁であるという確信のも

静岡県から参加した興亜青年勤労奉国隊員。新潟清和開拓団の開拓民の人たちと。隊員の宿舎になった土作りの開拓民住宅の前で。

と、義勇軍隊員の母親を激励し、満州現地の隊員の対ソ鎮護・食糧増産に感謝し慰問袋の応援など多様な激励を続けた。国内の女性たちには、白米食は敵性、玄米食はご奉公の道と「興亜生活」を広めることに力を注いだ。

9　興亜青年勤労報国隊への静岡県からの参加

満州建設のための、興亜青年勤労報国隊運動が、一九三九年（昭和一四年）三月に、文部省、大東亜省、農林省と満州国が運営機関となってスタートした。この主目的の一つが、満州開拓の遂行にあたって、日本の青少年に勤労を通じて満州建国の真義を理解させようというものであった。

一九三九年度を初年度として、一九四五年度まで、七次にわたって、一年次一万人を編成し、日本国と満州国が経費を負担して実施した。

静岡県の取り組みの記録は見当たらないが、一九三九年の第一次勤労報国隊に青年学校から参加した笹島亀三氏（熱海市在住）は次のように語った。

第一次勤労報国隊に、一九三九年七月四日から九月二八日まで、静岡県から、熱海市の笹島さん、山本章司さんら四人を含めて、二一人が参加した。静岡県庁に集合し、隊員の五倍ほどの県・市町村の関係者に見送られ、まず一週間、茨城県の青少年義勇軍の内原訓練所で訓練し、満州東端・島蘇里河に一〇〇キロ地点にある新潟県の清和開拓団（東安省）に配属された。

主に大豆畑の草かきであったが、チュウトウ（草かき専用鍬）で、畝に沿って草を引っかいて進むが、一畝の先方の端に着くと昼食であった。近くの中国人部落の人たちの結婚式の祝いの場でご馳走になったり、葬式にかかわったりもした。

この三ケ月弱の期間に、国境の虎頭、ハルビン、奉天、旅順を見学することができた。

10　静岡県下から開拓団を送出したリーダー

静岡県下において、満州への開拓団を送り出すリーダーとして、加藤弘造・つな夫妻（弘造氏は一九三一年から静岡県会議員四期、一九三四年から島田町長三期、一九四二年に衆議院議員。つなさんは静岡県婦人興亜協議会会長など）、鈴木しげえ女史（満州婆さんと親しまれて当時知らぬ人はいない大活躍の有名人）の役割は大きなものであった。

現地の開拓団幹部の得能数三氏（静岡村団長・第二次千振村指導員）、矢崎秀一氏（龍山福田開拓団団長）たちも一時帰国して静岡県内を熱心に講演をして歩いた。青少年義勇隊員は三年の訓練期間が終わるといったん帰国し、静岡県において、団員・隊員の応募活動に取り組んだ。

満州国の龍江省鎮東県や奉天省の邦人幹部も静岡県を訪れて応募活動に取り組んでいる。

第四章　静岡県から満州に入植した開拓団

静岡県から満州に送り出された最初の開拓団は、一九三五年の第四次・全国混成の武装移民団からであった。

第一次から第三次開拓団は東北地方の県で構成され静岡県は募集の対象県から外されていた。しかし第二次の千振開拓団に静岡県出身の得能数三氏が幹部指導者としてその任務についていた。

第四次全国混成・哈達河開拓団

拓務省から静岡県に対し、一九三四年の第四次全国混成開拓団の募集に当たって一〇人の割り当てがあった。

静岡県から一〇人の合格者を出し、最初に入植したこの方々は、第四次・哈達河開拓団に属した。この団は静岡県出身の得能数三農事指導員が率いて東安省鶏寧県哈達河に入植した。静岡県からは一九三六年二月に八人入植し、続いて加わった方を含めて、哈達河開拓団に属する静岡県民は三六人になった。

哈達河は牡丹江の東北方でソ満国境まで四〇キロメートルの地点にあり、関東軍が開拓民の入植を強く要望した地区で、この後に続く開拓団入植の中心地になった。

総面積六、〇〇〇町歩、その内既耕農地二、〇〇〇町歩、未耕地二、〇〇〇町歩、山林二、〇〇〇町歩、開拓団入植時に中国人と朝鮮人が三、〇〇〇人が住んでいた。

関東軍が時価よりはるかに低い地価で強制買収し、現地農民の住居を強制的に立ち退かせて土地を確保していた。

日本人開拓民にとって、農業と村づくりは、現地農民と反満武装勢力のうごめきのなかで進められた。

哈達河開拓団はまだ武装開拓団で、迫撃砲、軽機関銃、手榴弾が軍から配布され各自に小銃も一挺ずつ渡されていた。

農地の畔は一直線で一キロメートルから二キロメートルもあり、大豆、とうもろこし、高粱、粟、きびを栽培した。

二年目には、小学校校舎（開拓団本部と在郷軍人会同居）、神社が建設されていく。

哈達河開拓団は集団自決する＝麻山事件

一九四五年八月九日ソ連侵攻の日の夕方、団本部から近くの街・鶏寧に避難せよと命令が出る。三日二晩、土砂降り雨のなか泥濘の道を強行軍、ソ連機の機銃掃射を度重ねて受け、原住民の襲撃を受け、一二日午後に谷間の麻山に着いた。ここで前方も後方もソ連軍に阻まれ、これ以上の山中の行軍を子供と続けることは困難である。これ以上、戦う男たちの足手まといになれない、と団長にしたがって在郷軍人の銃で集団自決する。終戦時の団員は七八六人。応召者一〇四人、死亡三七九人。静岡県人は団員三六人、死亡三〇人。

哈達河開拓団に属し奇跡的に生き残った方に、小笠出身の白岩登喜さんがいる。

白岩さんは一九三五年に、満州花嫁で哈達河開拓団に入り、三人の子供をもうけ、次の子供がお腹にあるときソ連の侵入を受け、体が弱く兵役を免れた夫と子供三人の一家五人で逃避行にはいる。ソ連機の機銃掃射を逃れ、原住民の銃撃に立ち向かって夫が自分の銃を構えると三人組の相手から頭を撃ち抜かれ倒れる。身重で三人の子連れの登喜さんは親切な中国人にかくまわれ、ソ連兵からも身を守る。再び哈達河開拓地に戻って現地中国人に支えていただき、中国人と結婚し、四人の子供も、国営飯店総会計、機械工、農業、学校長と仕事につき、登喜さんは日本にも一時帰国したが中国で生涯を過ごす。

全国混成・満鉄女児河鉄道自警村開拓団

一九三五年四月一日、静岡県二七人、愛知、岐阜など各県混成の満鉄女児河開拓団は奉天省奉天（終戦時・錦州省錦州市女児河区）に入植。

終戦になり、女児河を出発して、いったん錦州飛行場に避難したが、一一月まで錦州東南地区を逃避行を続ける間に分散し、一九四六年五月から一一月の間に帰国する。静岡県関係死者三人。

第五次全国混成・朝陽屯開拓団

一九三六年七月に、東安省密山県朝陽村に入植した。団員家族一、〇八四人、静岡県から四四人が加わる。

逃避行中、ソ連機の機銃掃射と原住民の襲撃を受ける。新京で難民生活。団員五一六人死亡、内静岡県参加者二四人が死亡。

第五次全国混成・永安屯開拓団

一九三六年朝陽樽屯と同じ時期に同じ東安省密山県永安村に入植した。団員家族一、〇八四人、静岡県から五人が加わる。
終戦時に、団員五六六人。静岡県参加者一人が死亡。

第六次全国混成・静岡村開拓団

鶴立に三つの静岡県の開拓団

静岡県は、三江省鶴立県に大静岡村の建設を計画した。この大静岡村は、一九三七年に入植した静岡村を中心に、一九三九年に静岡村の西となりに入植した西静岡村の二つが合併し、さらに一九四三年に大井郷開拓団が同地域に入植してできあがった。

静岡村の玄関・鶴立駅と広場。（当時）

静岡村の建設

静岡県は、静岡村建設を計画し、先遣隊員を県下から募集し、応募した三〇数人が、一九三七年二月に、引佐農学校に開設された開拓訓練所で、一ケ月の内地訓練を経て、四月一八日静岡を出発し満州に向かった。一九日敦賀港で乗船し、牡丹江省の城子河開拓団現地訓練所に同月二五日に入所して訓練し、六月に新たに静岡県から来た二次先遣隊員と合流して、七月一三日に三江省湯原県鶴立鎮に到着した。

北に阿稜達河、南に鳥瀧河に挟まれた南北約四キロ、東西に約一二キロの細長い平坦地域であった。耕地の七割は既耕地で地味肥沃な土地であった。治安は悪い地域であった。

得能数三氏が団長。得能氏は第二次・千振郷開拓

団の幹部、第四次哈達河開拓団の建設指導にあたった学識豊かな静岡県人。

先遣隊は先ず野菜の作付け、穀類・家畜・必要資材の確保と建設に従事し、翌一九三八年の本隊の入植に備えた。

先遣隊で岳陽郷を作り、一九三八年二月に本隊を迎えて、八洲郷、大和郷、旭郷をつくった。静岡村は次々に静岡県からの団員を迎え入れ、浜名、静岡、清水、富士、駿東、田方、賀茂などの部落が構成されていった。

一九三九年に静岡在満国民学校、県立鶴立病院ができあがった。

農業は、戸数一二五戸、畑一、〇〇〇町歩で大豆、玉蜀黍、大麦、小麦、馬鈴薯、野菜が中心、水田五〇町歩、家畜は日本馬一五〇頭、役牛五〇頭、豚二〇〇頭、鶏二、〇〇〇羽が主なものであった。

共用地で農業に従事しながら、共同施設、個人住宅、学校、病院、団内道路の建設を進め、一九四〇年に個人住宅が完成した。

一九四一年、開拓団本部を村公署として村制に移行し、事業部門は開拓協同組合として運営された。村長と組合長は得能数三氏。

一九四三年、共同炊事・共同経営から、個人住宅・個人農地となった。この時期、静岡村と西静岡村は合併した。

一九四五年、入植九年目となり畑作農家一戸あたり一一町五反歩の農地配分があった。同年四月時点で、静岡村五七二人、西静岡村一五八人であった。

いよいよこれからという時、一九四四年二月から召集令状が次々来るようになり、後は婦女子と子供、老人の開拓地になる。

逃避行二つに分かれる

一九四五年八月九日、ソ連参戦。この夜一一時ころ、本部の伝令が部落内を馬で駆け回り、「一週間分の食糧と小銃と弾帯を持ってすぐ本部に集合せよ」と全員に指令が出された。

静岡村は大きいので、本部に近い五部落（第一陣）が鶴立駅を出発したあと、本部に遠い四部落（第二陣）が本部に着いた。

第一陣は一〇日に鶴立駅から汽車に乗り、佳木斯駅で一旦下車。ここでこの日まで徴兵されなかった四五歳までの壮年者二〇余人が召集される。

（召集された壮年者は東寧一四〇部隊に属し、毎日演習と陣地構築の明け暮れであった。八月一八日ソ連軍にピストルを胸に突きつけられ武装解除され、日本軍の大敗を知った。日ならずソ連兵によってシベリヤ・ゴーリンへの行軍となった。）

女子供老人の団員を乗せた列車は前方のソ連軍を避けて千振駅に着き、ありったけの荷を背中と両手にして、一二キロの土砂降り雨の夜道を千振村に向かう。ここで二日過ごし自決することも恐れないという状況のなかで、自決は最後の手段、逃げられるだけ逃げようということになり、昼ころ再び一昨日の道を歩き始めた。

こんどは良い天気になり、荷物を満人にやって、お米だけはと軽くして千振駅に向かう。汽車は来るが満員で乗れない。ホームで一夜明かして朝七時ころ無蓋の石炭車にやっと乗る。午後一時ころ南叉駅に止まる。ここで西静岡村などの第二陣のみんなと一緒になる。ここから静岡村約五〇〇人の逃避行が始まる。

第二陣は、一〇日の未明、鶴立駅に着くと第一陣が出たあとで汽車はなく、駅近くの団の本部に引き返す。このときに男子で残っていた五〇歳代の壮年男子が召集されていく。後は、一四歳の青年が四人のほかは女子供ばかり。本部に全員立て籠ってあくまでも村を死守する決意であったが、死ぬことはいつでもできる、とにかく逃げられるだけ生きのびようと、南へ向かって避難行進を始めた。何百人であったか、真夏の暑い日、誰もいない開拓団茨木村に歩き疲れて着く。次の一一日、朝早くから南へ向けて出発する。大勢の現地住民が鎌や棒を持ってつきまとう。雨が降り出し、体を雨が流れ、頬をつたう雨でのどの渇きをしのぐ。だれもいない開拓団熊本村に着き空家に寝る。自決を覚悟し今夜が最後かと思う不安な夜だった。三日目は早朝から歩きやっとたどり着いた湯原駅で汽車に載せてもらうことができず、午後二時に福柳駅に着く。ここで夜を明かすが軍用列車ばかりで乗せてくれない。翌日、荷物を満載した軍用列車に乗せてもらう。この列車で南叉で降ろされる。ここで先発の第一陣と合流する。

綏化・新京で避難生活

静岡村の一団は、綏化で下車し、飛行場の格納庫で避難生活に入る。

格納庫の隅に銃座をすえて、突撃の決心をした主婦たちがいた。

一七日の朝、日本の無条件降伏を知らされ、信じられなかったが、ソ連兵の騎馬隊が入ってきて武装解除されて分かった。

兵隊宿舎の裏から、空き缶を拾ってきて煮炊きの食器にする。

近くにロシア兵が駐屯し、時計、万年筆など何でも奪われ、女性狩は目に余るものがあった。

ここ綏化に四〇日間を過ごし、九月二〇日新京に移動し、新京の陸軍官舎に収用され引き揚げまでいる。移動中、停車すると、集まってきた現地住民にリュックサックを奪われ、ツバをかけられる。

綏化の四〇日間に一四〇人の死者、新京の越冬中に一五四人の死者を出す。

静岡村は戦死者を含めて三八一人の犠牲者を出した。

一九四六年七月二二日コロ島より佐世保に入港、伝染病が出て八月一五日にようやく上陸する。

静岡県単独・西静岡開拓団

一九三九年四月、米穀配給統制法が公布され、当時の米屋は営業停止となった。このとき、静岡県米穀商組合の一〇名の代表が満州視察を行った。

奉天、牡丹江などの開拓地を視察し二週間ほどで帰国した。一九四一年太平洋戦争が勃発し、いよいよ戦争気分にきた一九四二年二月、県内米穀商だったものを中心に、志太郡下より集合開拓団として送り出す計画が進められ、郡下から一〇一人の人たちが参加した。まず引佐郡の訓練所に入所し、三月九日には、静岡浅間神社に集合し、加藤弘造氏、満州ばあさん・鈴木しげえ女史に励まされ静岡駅から出発し、三月一七日に満州現地の静岡村開拓地に到着した。

一九四二年四月五日第一次本隊が、静岡村開拓団の西隣の隣接地に入植し、開発、建設に従事した。静岡村西旭郷の隣接地に西静岡村開拓団本部と第一部落を建設し、さらに第二部落を建設した。

一九四三年三月に、団はひきつづいて、後続の隊員募集を進めた。

現地・静岡村から郷里に帰った得能団長が、加藤弘造氏らとともに、静岡県下を講演して歩き、志太郡、周智郡森町より一八人が入団し、現地に向かった。つづいて他に医師はじめ一九人が加わった。さらに、鈴木しげえ女史、加藤弘造夫妻の努力で婚約が成立した開拓花嫁六人が入植した。

一九四三年七月、これまで共同炊事・共同経営であった西静岡村に、個人家屋の建設が進み、各個人に住宅と農耕地、馬なども分配されて、いよいよ個人経営として開拓の一歩を踏み出した。

この時期、西静岡開拓村は、静岡村と合併して、第六次静岡村西旭屯と改称された。この祝賀会と敬老会をあわせて盛大な祝賀の宴を開催した。一九四五年の夏のソ連侵入後帰国までは、静岡村の第一陣と一緒であった。

静岡県単独・静岡大井郷開拓団

大井郷開拓団の編成は、一九四三年以降、大東亜戦争が苛烈になったさなか、平和な純朴な農村・静浜村に海軍航空基地が設置されることになり、村の大半が軍用地に当てられ、戸数も半数を残すのみとなったのが発端である。村は蜂の巣に石を投げつけた有様になり、ただ盲従するしかなかった。

当時の静岡県経済部長の高見三郎氏から満州への分村を強く勧められ、また先に渡満していた静岡村の得能数三氏が静浜村に來村して満州への移住を勧められ、田中芳男氏らが満州の現地視察を行い、帰国後に静浜村単独の分村計画を立てて村議会に具申した。しかし事が重大なだけに村議会は容易にまとまらなかった。そこで県の町村会より事情がほぼ同じ大井川下流六ケ村（吉永村、相川村、大富村、和田村、高洲村、大洲村）による分郷開拓団の編成案が示され、大洲村の村議会は一九四四年五月九日に「志太郡南部七ケ村が大井郷開拓団を建設するために町村組合を設置する」議案を可決するなど、各村の議会において可決されていった。

大井郷開拓団は、一九四四年のうちに、鶴立県の静岡村の東側に隣接した地域に、資材を準備し、一九四五年二月一日に、五七人の人たちが入植した。しかし個人住宅数棟を建築中に終戦を迎えてしまった。このとき人口は七四人であった。

八月一〇日午前一時、軍の命令を受けて団本部から伝令が来て「明朝、日の出前に荷物を持って本部に集合せよ」と伝えられた。翌朝、鶴立駅から無蓋車で佳木斯に向かう、ここで男子が関東軍に徴集され女子供と老人のみとなって、千振駅で三日、また佳木斯にもどり、一四日に綏化に着いた。ここに一ケ月いて、新京の関東軍下士官兵舎に収容された。一九四六年七月一六日帰国のため新京出発、コロ島より佐世保に入港した。

終戦前後に、静岡村は二二〇人、大井郷は一九人、西静岡村は三一人死亡した。静岡村の佐野林平氏の資料によれば、全体で、逃避行中に九八人、避難生活時に一五四人の死亡となっている。静岡県の資料では、この三開拓団で三七八人の死亡としている。

第七次全国混成・天領開拓団

一九四三年一月、静岡、愛知、岐阜など七県人をもって編成し総数七九七人、浜江省五常県山河屯に入植した。静岡県から一二四人が参加した。

終戦時、一九四五年八月一五日、終戦を知り本部前に集合、一六日に出発するが引き揚げ不可能を知り全員もとの開拓団に戻る。九月六日に西方の三個項開拓団に移動したがここは避難者が多く食糧難に陥り、三度もとの開拓団に戻り、一九四六年八月まで苦難の生活を送る。同年八月一三日引き揚げ命令がでて、吉林、新京を経て九月一五日コロ島に着く。一〇月二三日博多港上陸、同月二七日静岡に着く。静岡県出身者は三八人死亡。

第八次全国混成・華陽開拓団

一九三九年（昭和一四年）二月一一日、北安省慶安県閻炮に、岐阜、愛知、静岡の三県、三〇〇戸で建設された。静岡県から一四八人が参加。

一九四四年（昭和一九年）四月に、開拓協同組合に移行した。

終戦時、九月九日住民に襲撃され射殺される人もあり、翌日から五五八人の逃避行に入り、慶城駅に着き、収容される。静岡県出身者六五人が死亡。

静岡県志太郡岡部町から華陽開拓団に入植した仁科政美さんは終戦時に一四才。二〇一〇年夏に静岡市で開催した「満州開拓展」の時に仁科さんはこんな話をした。

一九三九年に父は渡満し、一九四一年に一〇才の政美さんは、母と弟二人で父を追って華陽開拓団の日の出郷に住む。

土地は肥沃で、馬五、六頭を使って、とうもろこし、大豆、野菜等を栽培していて仕事をよく手伝った。学校は、小学一年生から高等科二年まで、全校生徒四〇人が三組に分かれいた。地域では現地人の子供とも和気あいあいであった。

一九四五年八月末になって、現地人が大勢押し寄せ、大きな鎌を突きつけられて、お前たちは日本へ帰れといわれて着のみ着のまま、日の出郷が一団になって部落を出た。線路を目指していく途上、服まで剥ぎ取られて慶城駅についた。

日の出郷は死者を出さなかったが、早くに脱出した他の部落は、兵隊と一緒だったため、ソ連軍の攻撃や現地人の襲撃で半数近く亡くなった。

慶城で、鉄道官舎で数日過ごし、ハルビンと新京で数日収容され、奉天で越冬した。

政美さんは一五才といつわって、中国人の大豆の粉引き、たわし売り、ロシア人の家で水汲みなどをして働いた。中国人に自分の家の子になれともいわれた。

第一次集合静岡県単独開拓団・芙蓉開拓団

志太郡広幡村助役・藪崎鷹次氏は、満州開拓政策をうけて、かねて村内で経済更生事業・農家経営の安定のため取り組んできた。この経験とわが国・郷土の狭隘を痛感し、一九三九年満州に開拓各地を数ケ月視察して歩く。このときの満州国開拓総局などからの要請にこたえて、一九四〇年四月一二日、新京特別市南河東区告辺孫の既耕地に、広幡分村団長として入植する。

三七戸、一六四人。志太郡広幡村の分村移民を中心に県下から参加した。分村移民としては、静岡県における最初であった。

広幡村出身の片山広吉氏が満州国開拓総局の局長であったこともあり、芙蓉開拓団が満州の首都・新京郊外の開拓団であったことから、芙蓉開拓団は、関東軍・満軍へ野菜を調達する村の役割を果たす。

一九四五年八月一五日、日本が負けたことが解かった。この知らせはすぐ中国人に行きわたり、その夜から日本人住宅への襲撃・略奪が始まった。芙蓉開拓団は、満州軍隊の十数人が護衛して新京の新京宝清路第一太平荘に移動、ここで越冬。住民に仕返しもされたが、日ごろ「クーリー」に親切にしていたので逃げるとき親切にしてくれた、とある団員は語る。ここで帰国まで自活した。

第二次集合開拓団・咸城岳南開拓団

一九四二年（昭和一七年）一月四日、牡丹江省穆稜県梨樹鎮に、三二世帯、一二五人で入植。満人と同じ部落で生活する。

終戦時、八月九日、日ソ開戦と同時に徒歩で林口に行く。ソ連機の機銃掃射を受ける。列車でハルビンに着き、阿城行きとハルビン残留と別れて越冬。四四人死亡。

第一〇次静岡県単独・富士郷開拓団

一九三六年に国の経済更生運動の特別助成村に、富士郡の富岳、白糸、芝富の三村が指定された。村の恒久的な発展のために、村内資源と人口の不均衡打開策として満州への分村計画がその後推進された。富士郡下の分郷開拓団として準備が進められた。

同時に、この時期に、戦時経済に転換する中で、さまざまな商工業者が行き詰まり、一九四一年一月に、県は「転業者開拓民募集」を郡・市に通牒している。

富士郡の分郷開拓団として、郡下の農民と共に、転業者も含めて富士郷開拓団は生まれた。

郷土に似た地形を選ぶ

一時、富士郷開拓団本部の事務員を務めたことのある北川進氏の手記に次のように書かれている。

「富士郷開拓団本部の幹部は、満州拓殖公社からいくつかの入植予定地を示され、その現地を視察した結果、湾甸子を選んだ。その理由は、当時、一般的には満州は一望千里と耳にしていて魅力があったが、いざ終生にわたって生活するには故郷の富士郡芝富村や柚野村、上野村（現在すべて富士宮市）に似ている湾甸子村が良いということになった。」

先遣隊は、一九三九年に、千振訓練所において所定の訓練を受け、一九四〇年に湾甸子村に本部と部落を建設した。

一九四一年（昭和一六年）三月二〇日、奉天省興京県湾甸子村に続いて先遣隊が入植し、刋椽溝（カンジャンコウ）尖山子（センザンス）部落ができる。その後一九四三年までに入植者で後楼（ホーロー）大那路（タナアル）の部落ができる。以降、本隊が断続的に入植した。富士郷開拓団の団員は四三一人になった。

『満州の土に生きて』より

渡満の動機は一人ひとり違う。

「満州に渡って開拓民になれば、その土地は自分のものになるんだ。ここにいるよりもましだ。」

「いったん兵役を中国で果たし帰国したが、戦局は再徴兵されることは必至であり、開拓団に入れば兵役はない、家族を守り農業の夢を果たすために満蒙の開拓者に夢を託す。」

父親が満州開拓の話をいくらしても、母親が反対する。村長が来て強力な説得で、母親は満州に行く決心をする家庭もあった。

満州といえば広漠たる大平原に赤い夕陽を連想していたが、ここは山また山に囲まれていた。

富士郷開拓団は、本部、刊椽溝（カンジャンコウ）尖山子（センザンス）土門子（ドモンス）後楼（ホーロー）大那路（タナアル）六つの部落に広がっていた。

この開拓団は恵まれていた。山には木があり、川がある。開墾を覚悟していたのに、かなり広い既耕地が提供され、すぐ農耕が出来た。農業は、畜力で在来の農機具を使った。

秋が来ると、中国人部落の真ん中にある、学校のグラウンドのように広い所に、開拓民がつくった大豆が大きな山をなし、それを積んだ馬車が蟻の行列のように切れ目なく連なって満鉄の清原駅に向かうのであった。

オンドルの上にアンペラを敷き、布団を敷いて寝る。寒いときはアンペラの上にオンドルに密着して直接寝たこともあった。オンドルは温かかったので冬を辛抱できた。部屋の外の土間にオンドルの炊き口があり、そこを利用して鍋や釜の炊事場としていた。

敗戦・二夜三日の逃避行、一八回の襲撃にあう

一九四五年八月一五日の昼過ぎ、日本の敗戦を現地中国人の行動から知らされ、異常な雰囲気となったが、政府からの通達は何もなかった。数日後、大勢の満人警察がトラックに乗って現れ、武装解除を強制した後、今後も開拓団と電気事業者と満鉄関係者には特に居住を許すと通達された。

このころ、開拓団には徴兵されて成人男性の姿はなく、居るのは女性と子供と老人であった。不安な日々であったが、九月に入ると、満州国警察より、保護停止を言いわたされ、本部以外の五つの部落に地元住民の襲撃が始まるようになった。毎夜の襲撃になり、玉砕も覚悟した。

そのころ馬飼野利雄さんのお父さんと三人の兄弟はじめ男性たちが、相次いで武装解除された軍隊から脱出するようにして開拓団に帰ってきた。団にとって大きな救いになった。

襲撃がつづく各部落では地元民が各家庭になだれ込み、すべてを持ち去られる状況になり、全部落が本部部落にある学校に集結した。ついに九月二六日には、一、〇〇〇人を超す地元住民が本部部落周辺に大鎌、棒を持って集まり、この夜、鉄砲の音、ワアーと言う声とともに学校が襲撃され、開拓団側も手作りの槍と棒切れで抵抗する。みんな学校の高い窓か

ら逃げ出した。このとき開拓団は二〇人ほどの犠牲者を出し、現地住民側も犠牲者を出し校庭に転がっていた。

ここから逃げるしかない、翌日の夜、校庭に全員が集合した。そのときに中国人のサーベルを提げた警察官が乗馬してやってきて「われわれはせいせいしました。日本人はここからすぐに立ち去れ！」と演説をした。このとき一一一世帯、家族は五四六人であった。

九月二八日の午後七時ころから、学校を出て川原に下り、銃撃の弾が柳の枝葉を突き抜けていく音と銃撃音を浴びながら逃避行に入った。最寄の鉄道の清原駅に向けて、夜歩いて昼は山の中、二夜三日、一八回の襲撃を受け、近くの街・清原駅に着いたときは、みんな下着一枚、靴も剥ぎ取られた姿であった。この逃避行中にさらに二〇人の犠牲者を出し、清原駅に着き、清原刑務所に二晩抑留された。

撫順で避難生活、発疹チフスで一一三人死亡

その後、八路軍の好意によって列車三両に分乗して一〇月一日撫順駅を降り、満鉄本社社屋に到着した。背負った乳児が息を引き取っていた。このあと撫順工業学校に収容され、一ケ月ほどしてから、撫順炭鉱社宅に収容され、越冬した。団員六五人が炭鉱労働者として収

入を得、家族は石炭拾い、野草採りをして生命をつないだ。

撫順での避難生活で伝染病・しらみ媒介の発疹チフスが蔓延し一一三人が死亡した。

翌年、昭和二一年六月一二日、帰国命令が出て、撫順を出発し鉄道で無蓋車に乗ってコロ島に行き、ここで乗船し、日本の舞鶴にたどり着いた。

第一〇次静岡県単独・龍山福田開拓団

日本一の別珍コール天の生産地であった静岡県磐田郡福田町において、織布業者に綿糸を卸売りする会社を経営していた矢崎秀一氏は、一九四〇年に入って、戦時態勢整備の企業整備令によって、織布業も廃業のやむなきに至った。

福田町の分村を満州に作る

政府が農業に経験のない者でも参加できる満州転業開拓団を勧めていたので、矢崎秀一氏は、福田町の分村を満州に作る覚悟を固める。

一九四〇年三月中旬に満州国開拓総局の片山広吉氏の案内で満州を視察して六月一〇日に

龍山福田開拓団跡地にいま残っている野菜地下倉庫と平原。(2010年)

帰国し、ひき続いて六月下旬に時の町長・鈴木彦平氏を案内して満州に渡り、開拓団を充分に視察して七月下旬に帰郷した。

早速、福田開拓団の編成にとりくみ、竹山祐太郎氏、島田町長の加藤弘造氏らの応援を得て、基幹先遣隊員二四人を選出し、八月二〇日に福田国民学校で結団式を行った。

第一〇次龍山開拓団と命名された。幹部六人は茨城県内原村の満州開拓幹部訓練所へ、基幹先遣隊員二四人は引佐郡金指町の静岡県満州開拓訓練所に入所した。

先遣隊員は数日間の開拓訓練で新潟港より渡満、東安省密山県の現地先遣隊訓練所へ入所した。続いて幹部六人も翌年、一九四一年正月に釜山から朝鮮経由でハルビン幹部訓練所に入所した。

一九四一年二月一一日早朝、みんな合流して総勢三〇人、極寒に耐え、龍江省鎮東駅に降りた。五月、七月、一〇月と補充隊員を迎え入れ、冬の前にと家族を迎え、三つの部落ができる。

仮校舎、仮病院、冬越しの準備は厳しく、苦しい仕事であった。

一九四二年、本部建屋建設完了、広々とした部屋、周辺は土塀に囲まれた、野原の中の別荘さながらの建物であった。

農業に経験の浅い人たちばかりであったが、北海道農家を招致し、三つの部落の営農計画をたて実行にあたる。第四部落、第五部落もできる。

大陸花嫁の育成の開拓女塾を創立

一九四二年に、龍山開拓団の提唱で、大陸花嫁の修養育成をめざす東安省立龍山開拓女塾を創立した。一一月には、静岡県から幹部とともに二一人の若い女性が入植した。

一九四三年、完成した国民学校校舎講堂で第一期女塾生の修了式と現地合同結婚式を盛大におこなう。この年に第二期女塾生四〇人も入植。

北海道農家四家族も入植し、団員家族も営農に自信をもち自給自足に向け進展する。

病院診療所も完備、龍山神社も桧作りで完成、秋祭り大運動会を三日間おこなう。

大東亜戦争の戦火の拡大のなか、開拓団においても軍部の横暴を官吏も見習い、開拓民の血の出るような生活、原住民の原始的生活に比べて、あまりにも軍人さん、官吏さんがかけ離れていることに開拓民が危惧心を持つようになる。

一九四四年、昨年を五割上回る作付けを六月に完了し、すでに除草期を迎え、最も忙しい時期に直面していたとき、晴天のへきれき、関東軍より召集令状が次から次に来るようになり青壮年が歯が抜けたように開拓団から消えていくのであった。八部落を六部落にする。作付け面積の四分の一を放棄し、夫が出征し女性が一人になるなど、農耕に支障が生まれ、原住民に耕作をゆだねる事態になった。

この年、袋井・福田地方が大地震に見舞われ、二日間にわたる餅つきをして、救急物資として箱詰めにした餅を、地方軍司令部の許可を得て、正月に間に合うように一貨車を母村に直送した。食糧事情が悪かったなか正月の餅一片が内地で喜ばれた。

一九四五年、情け容赦なく男子に召集令状がくる。幹部、団員の家族、女塾生、学校生徒が団結精神に徹底し、開拓魂の発露、何でもできるぞ、何でもやり通すぞと、一億一心の精神に徹していった。

五月に第四期女塾生四〇人、静岡県婦人興亜連盟幹部の引率で現地入植する。

七月に入って、東安省本部から開拓団団長会議が招集され、団内の部落の縮小、隣接開拓団の合流、隣接の青少年義勇隊開拓団も龍山開拓団に合流し、営農も個人経営から部落共同経営に変え、戦時非常態勢に入った。

一一日間の逃避行・八二回の攻防戦・一〇一人の犠牲

八月九日、ソ連軍が日本に宣戦布告し、白城市西方から大津波のごとく侵入してきた。あれほど敬意を表し、信頼しきっていた関東軍・白城市と鎮東の両部隊全員が、鎮東、平台飛行場に火を放ち黒煙たち込めるなか、一二日の列車を最後に朝鮮国境方面に後退してしまった。

八月一二日午後二時ころ、満鉄龍山信号所の警備下士官が開拓団本部まで来て、避難列車で避難南下するよう勧告してくれたが、団幹部は、かねてより鎮東県県令により「団移動は、県の指示に従ってほしい」との申し合わせが決定されていたので同乗しなかった。

その夜、県公署に行っていた佐藤団長から電話で「一三日午前一〇時までに鎮東駅に集結するように」連絡があった。一三日午前六時半に、龍山開拓団を離団してまもなく七時

現在の逃児河（トール河）と鉄橋

ころ、偵察の団員から「鎮東はだめだ。汽車は来ない。」と伝令が入る。団長から「廻れ向き前に進め」帰団命令が出る。

数日、状況判断と方針検討に費やした。

一六日午前七時ころ龍山開拓団を出発し、徒歩で川根開拓団の周家村を通って、逃児河を渡って舎力駅へでて京白線を歩いて新京に向かう長い逃避行の道程に入った。

龍山開拓団を出発するとき、満州警察も加わった現地住民に襲撃され団員に死者をだし、開拓団も二〇数名が歩兵銃で防衛する。その夜は野宿し翌一七日は難所の逃児河（トール河）を、満人の案内人を雇い渡河地点を探すが、沿道の現地住民・昨日の友が今日は仇敵となり、何度も襲撃されトウモロコシ畑に逃げては集結し、渡河地点が定まらず、折から豪雨に見舞われ、やっと小船を確保し、船底からの水をかきだしながら二時間半かけて渡河を完了する。

河を渡ると三角州部落に入る。土塀に囲まれた民家ともう一軒を占領し主人と話し一泊の承諾を得て所狭しと泊まる。

一八日早朝から舎力駅を目指して歩き出すが、現地住民の空気は険悪で、行く先々、高粱畑に潜んでいて、銃撃を浴びせ続けてくる。現地住民は開拓団の隊列に近づくことは決してなく一定の距離を隔てて攻撃してくる。現地住民は開拓団員を殺すのでなく、降参させて物を獲ることに目的がある。開拓団側も銃を構えながら逃げるが、終日付きまとわれる。

飲まず食わずの逃避行で、心身ボロボロ、涸れた母乳は乳児の命を左右する、明日はいまで以上に過酷な逃避になる。この子にこれ以上の惨めにさせないうちに先に送ろう、と決意した母は、男の人に言うと、小屋の中の羊草の上に「寝かせていけ」の指示を受けそれに従った。母はもう一度わが子に会いたいと戻ると、べっとりと血のついた男が目に入った。この三角州部落を出発する朝五時から六時の間に母親の手によって全部で一一人の子供が息を止めた。

舎力駅での大攻防戦。一九日午後三時ころに舎力駅手前五〇〇メートルの地点で小休止をとる。佐藤団長が駅責任者と話し、線路の通過を容認してもらい駅を無事に通過したが、通過し終えてまもなく駅方向から一斉射撃を浴び、全員が線路から畦道に下り、これに応戦し、三時間の大攻防戦になった。

一九日から夜行軍に切り替え、安広駅で小競り合いがあったがきりぬけた。二一日から現地住民の攻撃はなくなり。二五日に大賚駅に近づいた。団幹部が駅長と交渉し、ここで日本が無条件降伏したことを初めて知り、駅関係者の配慮で、ソ連の将校、県長の指揮下に入った。

この日までに、満州警察も加わる現地住民との八二回の攻防戦があり、多くの犠牲者を出した。

その夜、武装解除され、駅近くの建屋で不安な一夜を明かし、二六日列車で前郭旗で下車し日本軍官舎に収用された。ここでの五日間、日本軍の看護、労わりで、休養を取り、体力も回復し、再び元気な身体に戻る。今まで恨んでいた関東軍に対する悪感情も太陽を浴びた雪塊のように溶けていく。

公主嶺で避難生活・協力精神発揮

三一日、列車に乗り込む。新京を通り過ぎ、公主嶺に九月一日に着き、日本人会会員の浅野倉庫に収容され、これから約一年近い避難生活を送る。

福田開拓団は、公主嶺において、浅野倉庫に落ち着き、その翌日から働きに出る。男女を問わず苦力でも土方でも日当の取れる仕事につき、女塾生は日本人家庭に分散して女中として働く。浅野工場の雇人になるもの、公主嶺在住者の化粧品製造販売業者の化粧品販売を遠く四平市まで販路を開いてとりくむもの、みんなで働く。

福田龍山開拓団は、自給自足体制ができ、公主嶺在留日本人のなかで最も裕福な団体になり、日本への引き揚げの準備が始まると、公主嶺在留日本人会のお世話をすることになった。

全満にわたっての悲惨だった難民生活に比べて雲泥の差が生じたことは、団全員の女子供を問わず固く決意して生き抜くための団体精神の協力精神が発揮できたからであった。

一九四五年八月一〇日コロ島発、三昼夜航行して、博多に上陸した。博多で二日逗留して、鈍行列車で二〇時間かけて午後六時ころ中泉駅に降立ち、郷里の人たちと、お互いに抱き合ってただ涙、涙であった。誰となく万歳万歳を叫んでいた。

ブラウを新しく使う団員たち

昭和二〇年終戦前は三七二人。終戦時、八月一六日から二六日までの逃避行、この間の戦死者九人、病死者三三人、他に避難中の子供六九人が死亡している。

第一一次静岡県単独・周家中川根村開拓団

一九四一年、中川根村の助役であった板谷壮吉氏は、食糧不足のさなかにあって、村民と日本国民の米需給の現状と満州の食糧増産の役割を考え、同年夏に満州の奉天省にある湾甸子・富士郷開拓団への勤労奉仕隊に参加し、満州がすばらしい食糧基地であることを見聞して帰国した。

この後、加藤弘造氏、片山広吉氏（満州国開拓総局技佐）を招いて指導をあおぐとともに部落別の懇談会など数多くの会議を積み重ねた。

明けて一九四二年二月一四日、村議会において二つの議案を可決した。「中川根村満州開拓分村編成計画」と「開拓団編成後の母村整備計画」であった。

中川根町の分村開拓団

兼業農家を中心に満州への分村開拓団を編成し、母村の中川根村は食料が自給できるようにするというものであった。

同年三月、板谷氏ら基幹先遣隊四名が、龍江省鎮東県套保に向け渡満し、四月には先遣隊二四戸・一四三人が渡満した。二つの部落を作った。

その後の開拓民の送出は難航したが、一九四三年に開拓団は六〇戸になり四部落を編成した。

一九四四年にはさらに五〇戸が到着し八部落編成になり、一九四五年にも新しい開拓民を迎えて一〇部落、全員で六一七人になる。

開拓地の総面積は一三、〇〇〇町歩、うち畑地は五、六〇〇町歩という広大な土地であり、その畑地は大部分既耕地であった。入植直後は、住居も現地人の既設家屋を利用した。

開拓団の呼称は、当初「川根郷開拓団」とされていたが、龍江省鎮東県套保に入植したため「周家川根開拓団」と命名された。しかし、この地に勢力を張っていた「周氏」の開拓団と誤解されないように、入植地に「黒帝廟」と言う地名があったので『黒帝開拓団』と改称された。

開拓は、大豆、黍、粟、小麦を撒いたが、草、乾燥、害虫、鳥害などによってやられ順調でなかった。南瓜、大根、人参、牛蒡、西瓜、胡瓜は良くできた。

一九四二年には、八月末児童数五三人で自前の国民学校が開校し、翌四三年には川根在満国民学校と改称された。

一九四三年には、湿地帯で水田の試作を行ったが野鳥が襲来し種籾は野鳥の糞に変わってしまった。

一九四四年からは団員が続々と兵士に召集され、一九四五年には四〇歳以下の男子は総て兵士になり、団長など幹部も召集された。

一九四五年八月九日にソ連が日本に宣戦布告し、翌日、満州に軍事侵攻した。一三日に鎮東県から避難せよとの命令が出され、京白線到保信号所近くの部落で一泊。「自決しよう」と発言が上がるが、板谷団長の妻・せつさんが「とにかく逃げられるところまで逃げましょう。それからでも死ぬのは遅くありません」と言った一言が団の行動を確定させた。団は新京に向けて出発した。夕刻逃児河鉄橋に着く。先行した駿府郷開拓団が敷いた厚い板の上を通過。ここでほとんどの荷物を放棄。線路づたいに歩いたが、線路の両側で見ている現地住民の不気味さを感じながらの徒歩行進であった。

夜、舎力駅に着く。ここで、駿府郷、浜松郷と合流し舎力駅発の列車に乗車し新京に向かう。一六日前郭旗駅で敗戦を知る。一七日新京に到着。新京の陸軍軍人官舎で、駿府郷、浜松郷、川根の三開拓団が共同生活する。

新京で避難生活

難民生活は、一部分は新京日本人会の救援もあったが、自活が基本となる。中国人経営の事業への就職や、婦女子でも可能な露天商などさまざまな仕事に就いたが、その収入の八〇％は団にいれ、団本部は主として食糧を買い入れて団員に配給し露命をつないだ。

この間、ソ連兵の掠奪暴行、発疹チフス、寒さと飢えなどで約八〇人が犠牲となった。

一九四六年八月六日、帰国のため長春を出発し、瀋陽を経て、コロ島を出港し、九月一日に博多港に到着した。九月七日から一〇日まで四回に分かれて帰村した。帰還者四七〇人。死者一四三人。

第一三次静岡県単独・駿府郷開拓団

駿府郷開拓団は一九四二年九月一五日、第一次先遣隊、団員家族一二〇余人が、静岡をあとに満州へ出発した。

前年末、太平洋戦争が勃発し、経済は軍事優先一色になり消費産業はあとまわしにされ、国民生活は食糧危機に見舞われていた。

駿府郷開拓団は、静岡市民を母体に送り出すために、業務を静岡市役所農務課が担当し、国の施策と合わせて、市として充分に力を出さなければならないという立場をとっていた。

翌一九四三年に、第二次、第三次、第四次と三回にわたって、団員家族一〇〇人ずつ満州に送り出した。市の係長が同行している。

静岡市の商工業者中心の開拓団

一九四四年四月に第五次、団員家族一〇〇人を送り出している。

この団は、主として静岡市の八百屋など商工業者たちの転業開拓団であった。

入植地は、龍江省鎮東県到保村、終戦前に一六五戸七三四人になっていた。

この到保地区は、肥沃な土地でなくアルカリ土質のため作物があまり取れない。巻き起こる蒙古風と黄砂は発芽した大豆を砂塵で埋めてしまう。原住民の話では、三年に一度、豊作があればよいほうだという。

入植した後の開拓地の様子を、一九四三年は食糧は本部より配給を受けましたが足りません。翌年の中頃になって、水にもなれ作物もとれるようになりだんだん大陸の生活にも明るさが萌え出しました。秋の収穫祭は拓士一家の楽しい慰安の一日になりました。つくった作物はおおかた軍隊に供出しました。

一九四四年から、戦争は建設途上の開拓団に、男子団員の召集が相次ぎ、一九四四年二月団長を筆頭に、続いて三〇歳前後の働き盛り青壮年が続々と召集され、一九四五年には指導幹部も全員が召集された。

一九四五年八月九日、ソ連が参戦し、この日以降、開拓団本部は役員が今後の団の処し方などを一日中協議した。九日、一〇日の時点ではここ開拓地にふみ留まって最後までがんばるという決議をした。

すぐ白城子に斥候を出す。帰ってきた斥候は、もう白城子には一個小隊位の警備兵しかいない。その兵隊から、開拓団は早く南下した方が良いと言っていたと報告がなされた。軍隊のいないところで徹底抗戦しても全滅するのは目に見えている。世界に冠たる関東軍が必ず来てくれるとかすかに期待したが、もう一刻も猶予できなかった。暗いランプの下で協議したが、事態の重大さに驚き、先に決めた現地にとどまるという決議を直ちに撤回し、避難・南下することを決定した。

逃児河に板橋をかけて

明日、一二日未明に出発するに先立って、老幼婦女子が渡らなければならない逃児河の鉄橋に板橋を組まなければならない。若者数名が、二台の大車（馬が引く荷車）に板を積んで出かけて徹夜作業を行った。その帰り、暴徒と化した住民が日本人の空家に群がって物資を奪い合ってうごめいているのがあっちでもこっちでも見られた。

一三日未明、重患者一九人を残して、早朝に村を出発し、馬車に荷物を載せて、京白鉄道線路に沿って、徒歩で、新京方向に向かった。

目標の舎力駅に出るための最大の難所が鉄道・京白線の逃児河鉄橋（約二〇〇メートル）である。しかし昨夜、鉄道に板を張ってあったのでみんな渡りきった。

同日夕、舎力駅に着き、列車に乗ることができた。

後を追うように、川根郷開拓団が着く。列車は舎力駅を出て新京にむかったが、舎力駅から一五〇キロメータ足らずの距離を三日がかりで走り、列車は途中の前郭旗駅に着く。

ここで天皇陛下の玉音放送を聞く。やっと戦争が終わった、みんなで無蓋車のなかで喜び合った。武装解除される。車中で眠れぬ一夜を過ごし新京にむかった。

新京に着くと、満鉄の官舎に入れられ、一部屋に三家族一〇人が入り、難民生活がはじまった。餓死を避けるため中国人に子供を預けた人もおり、後に残留孤児になった。

夜中に官舎に現れるソ連兵の乱入に怯えながらも、一年間の新京生活を終え一九四六年九月に、コロ島より博多港に帰国。一七四人死亡。

第一三次静岡県単独・浜松郷開拓団

一九四二年三月一〇日、龍江省鎮東県白昭に、先発隊三〇人が入る。平斉線で白城市駅よりすぐ北方に鎮東駅があり、この駅前に、浜松郷開拓団は弁事所を出していた。ここにまず着いて、ここから一六キロ離れた開拓地に、大草原の道なき道『腸捻転街道』を行く。

浜松開拓団の第一年目は食糧の主食類はほとんど配給を受けていた。一九四三年一一月、先遣隊が「家族招致」のため、家族を連れに内地へ帰り、一九四四年一月に開拓地に帰ってきた。

玉蜀黍、高粱、馬鈴薯が主な生産物で、苦力の力を得て生産し、穀物粉は石臼をぐるぐる回る馬に曳かせて挽き、小麦粉、玉蜀黍の饅頭をつくった。

秋の取り入れのころ、冬に備えて、草原に燃料刈り、牛馬の飼料・野草刈を同時期に行わなければならない。燃料はネコ柳、高粱やよもぎの茎、逃児河周辺に群生する葦など。

土造りの家の玄関に台所のかまどがあり、燃やした火煙が土の家の床下全体を通り煙突から吐き出るオンドルがある。このオンドルによって、冬の室内は暖かく、夏は火煙を床下に通さず煙突から吐き出すようになっていて、土作りの家は太陽熱をさえぎって涼しい。

浜松郷の記録をまとめた『満州に夕日落ちて』を書いた長谷川要一さんは当時、一五歳、近所の馬金斉さんという農家によく遊びにゆくと、満人の挨拶語である「ご飯食べましたか」(吃飯了馬)と聞く、「まだです」というと「たくさん食べてください」と腹いっぱい食べさせてくれた。長谷川少年の食いぷりをみて馬さんは満足そうだったと書いている。

ソ連軍の侵攻・一旦は開拓団死守を議決したが

一九四五年八月九日に、ソ連軍の侵攻を受けて、一四日、部落長協議を行い「全員集結し最後まで開拓基地を死守し、浜松開拓地を立派な健闘地とすることに議決した。全員の覚悟は出来た。」

開拓地で生きるという気持ち、いざとなれば、団員は自決を覚悟し、青酸カリを持っていた。

一五日午後三時ころ、軍の伝令・三人の兵士が来て「急遽、列車を出してやるから今夜六時までに駅に集合するように」と連絡に来てくれた。

みんな大喜び、大きなリュックサックを背負って部落を出て駅に向かったときであった。

いったん別れた兵士が来て、「開拓団を待たずに列車は出てしまった。明日六時までにいま一度列車が迎えに来るから次の駅・舎利駅まで歩いてください。」と伝令して帰った。各部落相談し、何が何でも歩こうと決心し出発する。襲撃の機会を狙う現地住民に付きまとわれながら。

逃児河の鉄橋までできた。必要最小限の荷物だけにして、馬と荷物は捨てた。先発団が残した三〇センチくらいの板を数枚ずつずらしては後続に手渡し、河を渡った。夜だから下の川面が見えなくてよかった。三時間かかって渡り終わる。

線路上を舎利駅に向かって歩く。鎌や槍を持ってどこまでも付いてくる現地住民。夜一〇時ころ舎利駅に着き、数時間後に新京に向かう救援列車に乗る。途中の前郭旗駅で終戦を知る。ここで中川根開拓団と駿府郷開拓団と合流できた。列車は新京に向かう。

一七日午後二時ころ新京に着き、敷島高等女学校に避難し、数日後、陸軍官舎跡に移り越冬し、引揚げまでほぼ一年間の難民生活をする。

難民生活では、子供も「ウグイス餅」売り、コークスを拾い売る、といった働きをした。しらみを媒介に発疹チフスが伝染し、多くの死者を出した。一九四六年一〇月にコロ島から、佐世保港に着いた。終戦直前までに一二〇世帯四八七人が入植、九六人の死者を出した。

全国混成・天理村開拓団

一九四三年三月、全国天理教信徒より選抜された開拓団で浜江省阿城県天理村に入植。終戦時の在籍総人員一、八二三人、静岡県出身者は一一世帯五〇人。

終戦となり、団本部たる旧天理村の生疏里に集結し、一九四六年八月二五日まで越冬し過ごし、その後ハルビンに移り九月二三日に帰国。

第一四次静岡県単独・海城清水郷開拓団

一九四五年（昭和二〇年）三月二〇日、奉天省海城県海城に先遣隊がはいり、六月までに六二人が入植する。広島県、高知県など他の五つの開拓団とともに入植する。集団開拓団に必要な三〇〇人に至らないうちに終戦を迎える。海城県公署より八月一〇日に日ソ開戦を、八月一五日に終戦を知らされる。九月、奉天日本人街で六開拓団と共同炊事し、越冬の難民生活をおくる。一九四六年七月一三日コロ島到着、一五日出帆、七月二〇日舞鶴に上陸帰国した。三八人死亡。

第五章　静岡県から送り出した「満蒙開拓青少年義勇軍」

静岡県の青少年義勇軍は、一九三八年、日本全体にとっても最初の第一次全国混成団が編成されましたが、この編成に参加することから始まった。一九四〇年からは静岡県単独編成に変わった。

一九三八年と一九三九年は全国混成

一九三八年の第一次は、全国六八中隊二一、九九九人、静岡県から一五中隊に参加し二四四人が応募し全国比は一・一％であった。

一九三九年の第二次は、全国から四三隊八、八七一人、静岡県から一二中隊に参加し八六人が応募し全国比は〇・九％であった。

一九四〇年から各県単独編成

一九四〇年の第三次は、全国から三六中隊八、九二二人、静岡県から県単独の一中隊を編成し三四四人が応募しその全国比は三・九％。
一九四一年の第四次は全国から五一中隊一二、六二三一人、静岡県から県単独の二中隊を編成し四、六八人人が応募しその全国比は三・八％。
一九四二年の第五次は、全国から五一中隊一一、七九五人、静岡県から県単独の二中隊五〇五人が応募し、その全国比は四・二八％。

このように静岡県においては、第三次から、主として小学校における興亜教育運動・拓務訓練が盛んになり、青少年義勇軍への応募者が急速に伸び、一九四五年までの総数において全国第六位となっている。

以下、年次別にその概要を紹介する。

第一次全国混成・高橋中隊―日高義勇隊開拓団

高橋中隊のあらまし

一九三八年、第一次全国混成青少年義勇軍・高橋中隊に静岡県から八四人が参加した

小学校の校庭で全校生徒の前で門出の答辞を読む。

（一九二二年と一九二三年生まれの一五才の少年達が多い）。

同年二月、茨城県にある内原訓練所に入所する。

同年四月一九日内原を出発し、同月二六日に高橋中隊（二一六人）として北安省鉄驪大訓練所に着き、ここで一年、吉林省大石頭訓練所で二年、合わせて三年間の訓練を卒業して一九四一年一〇月一日に吉林省敦化県南黄泥河に、日高義勇隊開拓団として入植。

一九四五年・終戦まぎわ隊員は関東軍への召集などで三分の一に減る。ソ連侵攻により九月一日から家族ぐるみ逃避行にはいるが、再び開拓地に戻り越冬。二四人死亡。

『満州の土に生きて』より

一六才の駒沢辰巳さんは、青少年義勇軍を志願して、小学校卒業直前の一九三八年二月末の或る日、生まれた奥大井川の故郷を後に、父母兄弟祖父母や妹たちに別れを告げて、一人大井川鉄道の千頭駅に向かう。身の回りの品が入った行李を背負い、駅まで見送ると母が追ってくる。

このように、静岡県下の各地から一〇〇人を超す少年が、全国第一次青少年義勇軍を志願して各駅から列車に乗り込んだ。静岡県における青少年義勇軍志願の少年たちの最初の姿であった。

この日午前八時に、静岡県庁前に静岡県選出の第一次青少年義勇軍志願者が集合し、指示・注意などを受けて静岡市内の浅間神社に行進して行き、ここで壮行会・祈願祭を行い、静岡駅から出発し、茨城県内原の青少年義勇軍内地訓練所に夕方、日没前に到着した。

内原における、ほぼ三ケ月の内地訓練を終えたとき、高橋中隊の構成は、中隊長以下幹部五名、静岡県出身二ケ小隊一〇〇人と京都・奈良県出身者五〇人であった。

田や畑で焚き火して列車を見送る

一九三八年四月一九日に内原を出発して満州へと向かった。

日が暮れて列車が静岡県内を通過するとき、線路近くの田や畑で焚き火を燃やして、我が子の名前を書いた幕をさげて、列車に向かって名前を呼び、「元気で行けよ！」と大声で叫ぶ姿が随所で見られた。

神戸港埠頭から乗船し、大連港で下船、目的地のハルビンははるか北方の鉄驪大訓練所建設予定地にむかう。途中、ハルビンで下車して、関東軍第四軍管区へ行き、小銃と帯剣弾薬を受領して、また乗車し内原を出て七日目に目的地に着いた。

鉄驪訓練所から大石頭小訓練所へ

鉄驪訓練所に到着すると、自分たちと後続中隊の宿舎と訓練所本部と倉庫建設、冬は軍事訓練、暖房用の燃料採りなどで一九三八年を過ごす。

一九三九年に入ると、牡丹江南方の大石頭小訓練所に移動。大石頭に行く途中、再びハルビンの第四軍管区に立ち寄り前年に受けとった小銃を返納して、日本軍の三八歩兵銃と銃弾を受領。大石頭では自分たちの宿舎と訓練所の建設。一九四〇年は本格的に農耕訓練に励む。山上のトーチカも建造する。

一九四一年は義勇隊の訓練期間が終わり、大石頭南側に隣接した地区に第一次義勇隊日高開拓団を起こす。開拓と治安維持に当たる。日高開拓団は五つの部落を構成し静岡県出身者は牡丹屯に属した。

一九四三年まで、稲作、とうもろこしづくり、炭焼きなど総ての農作業にとりくむ。内地から花嫁を迎え、家族ができる。

開拓団移行後、中国人や朝鮮人の現地住民との和合した生活ができた。水田の水路工事を現地住民との共同作業を行い、お祝いの行事にはこの住民の家に招かれた。

一九四四年五月、六月までに団員は関東軍に召集され、団には婦女子と身障者と本部員二名くらいしか残されなかった。牡丹屯の静岡団員は七世帯とその後に入った第五次義勇隊の若者だけになった。

高橋隊長自決する

一九四五年、終戦となり、八月二七日、現地住民の暴動に襲われ、高橋団長以下二〇人ほどで逃避行に入る。九月一日ソ連軍の命令に従い敦化飛行場に収容され抑留生活に入る。高

内原・日輪兵舎は5棟で1個中隊

橋団長は日高の土にならんと自決する。

一九四六年九月一日内地引き揚げの命令が出る。

高橋中隊・日高義勇隊開拓団（二五六人）は、召集された隊員はシベリアに抑留され、引き揚げのときには一四三人となった。引き揚げの過程で、中共軍参加者四〇余人、病気入院四五人、残留者十三人と減り、博多上陸者は三六人になってしまった。静岡県の隊員死者は二四人。

第一次全国混成・油田中隊—大和義勇隊開拓団

一九三八年二月、第一次全国混成青少年義勇軍に志願して県内各地からの七二人が参加し、内原訓練所に入所（一九二二年と二三年生まれの志願者が多い）。

同年四月、油田中隊（三五一人）として牡丹江省寧安訓練所に入所し、三年間の訓練をする。

一九四一年六月一日、寧安訓練所を卒業し、吉林省敦化県公正大浦柴河、一八里山の盆地・平坦地の少ないところに、大和開拓団を起こし入植する。

一九四四年、軍隊に召集され、終戦時にシベリアに抑留された隊員が多い。一九四五年一〇月三日、開拓地に残った隊員は、敦化の開拓地から列車で奉天に出て越冬する。

抑留された隊員の帰国は一九四七年二月から一九五三年までの間でまちまちであった。

第一次全国混成・大沼中隊—圏泡義勇隊開拓団

大沼中隊のあらまし

一九三八年九月一四日、第一次全国混成青少年義勇軍に志願して静岡県内各地から二八人が内原訓練所に入所した。（一九二二年と二三年生まれの志願者が多い）。

同年一一月三〇日、内原を出発して同年一二月五日、ハルビン特別訓練所に入所した。

一九三九年五月に北安省嫩江県の嫩江大訓練所に移動、一九四〇年四月に同じ嫩江県にある圏泡小訓練所に移動し二年間の訓練を受ける。

一九四一年一〇月一日に同じ北安省嫩江の圏泡義勇隊開拓団の発足式をもつ。

一九四二年個人住宅建設、一九四三年花嫁入団式。一九四四年からさかんに関東軍に召集され、終戦時・同開拓団に隊員はゼロになり、八月一九日から家族の逃避行が始まり、嫩江の兵舎で越冬する。

食前に魂鎮め・瞑目し、食前感謝の言葉を唱和し、食事を始める

『満州の土に生きて』より

青少年義勇軍を志願して、一六歳の小野正夫さんは二俣線遠江森駅を、鈴木淳さんは東海道線中泉駅を、出征兵士さながら、小学生の旗の波に送られて乗車した。静岡県庁に静岡県青少年義勇軍志願者二八人が集結し壮行会を行なっ

た。静岡駅前の宿で一泊して、一九三八年九月一四日茨城県内原訓練所に向かった。

内原訓練所で、大沼中隊は、静岡県など七県二八八人で構成され、（静岡県は七二人）活動が始まった。

内原訓練所では、朝食前の駆け足、朝食、軍事訓練と農事作業、そして出征留守宅農家の畑打ちの勤労奉仕作業などの三ケ月の訓練を終えた。一一月三〇日、白い手袋、リュックサック、水筒、に鍬の柄を握り締めて満州に向け出発した。

敦賀港からハルビン丸で出港し、朝鮮の清津港に上陸、満州に入るが、支給された厚い防寒服、毛皮付の防寒帽、衿に毛皮の外套を着ているのに満州の寒さを感じた。

嫩江大訓練所から圏泡小訓練所へ

一九三八年一二月五日、ハルビン特別訓練所に入所した。訓練は、冬の燃料石炭の運搬、地下の野菜貯蔵庫の段棚の積み替えなど野菜の長期保存作業、警備訓練・夜の歩哨など、酷寒に耐えた。

一九三九年五月二五日、嫩江大訓練所に移動。住むのは粗末な泥壁、野草葺きの屋根の兵舎であった。ランプの照明、ペーチカの燃料は薪、雪の中の薪運びは大変であった。

一九四〇年一一月一五日、中隊全員が、嫩江よりさらに北になる北安省は小興公嶺のすぐ南側の圏泡小訓練所に移動する。宿舎も白壁になり講堂、大きな農産加工所、畜産舎、病院、倉庫などができあがっていた。中隊制度から出身県別に編成替え、静岡県は嶽南寮があてがわれた。一九四一年正月、農産加工所の技能者たちが立派な弁当をつくり、夕方、講堂で、県別の演芸大会をひらいた。

一九四一年一〇月一日　大沼中隊は第一次圏泡義勇隊開拓団に転換する発足式をもった。団員一九七人。

戦争拡大により召集され、団員が減少し始める。一九四二年に入ると第二次圏泡開拓団が入り部落建設がすすむ。団員の手によって部落建設、住宅建設、圏泡神社建設がすすみ、酷寒の最中の材木の切り出しは厳しい。

一九四三年九月、団員の三ケ月間ほどの日本への一時故郷帰りも始まる。このころ団員も個人住宅に入居し、花嫁の入団が始まる。

花嫁が次々に入団するころ召集が始まる

一九四四年一月下旬から、花嫁が次々に入団する一方で、黒河省神武屯の陸軍歩兵七二三二部隊の機関銃隊に入隊するなど現地召集が始まった。

終戦になり、一九四五年八月一九日、残留隊員・家族は第二の故郷・圏泡を去り大行軍に入る。嫩江で収容され、男性はほとんどソ連へ連行され長い抑留生活となる。婦女子は嫩江に残される。

一九四六年四月チチハルに一週間の避難移動、ここで多くの団員家族が生命を絶つ。

同年九月二〇日帰国の途につき、コロ島出帆、満州とお別れとなった。

第二次全国混成・見田中隊―善隣義勇隊開拓団

見田中隊のあらまし

見田中隊は、満州での訓練期間の三年間は木村中隊の名であったが、その後善隣義勇隊開拓団に移行したときに、見田中隊に変わった。木村中隊は静岡県から送り出された富士小隊六八人を中心に編成した第二次全国混成青少年義勇軍であり、一九三九年四月一四日、内原訓練所に入所した。(一九二三年と二四年生まれの志願者)。

一九三九年六月二〇日、木村中隊(二一七人)として浜江省鉄驪訓練所入所。

一九四三年一〇月から北安省通北県七道溝に移動し、善隣義勇隊開拓団として入植する。中隊長が替り見田中隊に隊名が変る。

一九四五年五月、徴兵検査・全員召集され、満州一三一二部隊・孫呉野砲部隊に配属される。

終戦時・一九四五年八月一五日、李家満鉄訓練所に一二月一八日まで滞留、ソ連に多数が抑留される。残留隊員と家族はその後ハルビンに向かい翌二一年六月二五日まで難民生活、同日ハルビンを出発して一〇月二日コロ島に着き滞留し一二月一三日に博多に帰還した。

見田中隊の中心になった「最初の富士小隊」

青少年義勇軍の編成がこれまで全国混成であったが、一九四〇年の第三次から全国的に各県単独編成に変わっていく転機は、静岡県において富士小隊が生まれたことの影響が強かった。

全国的にも早い段階に郡単位の富士小隊が生まれる

全国に衝撃を与えた富士小隊の姿を見ておこう。

一九三九年（昭和一四年）の四月一四日、富士郡教育会は、郡下の小学校高等科の卒業生を、一年がかりで、一つの青少年義勇軍・富士小隊として編成し内原訓練所に送り込んだ。

この富士小隊は、郡単位の一つの小隊として編成したのは、静岡県において最初であったのみか、全国でも最初であった。それだけに大きな影響力を持った。

富士小隊が、郡を単位に一小隊・郷土小隊として内原訓練所に現れたことは、全国各県における青少年義勇軍を編成する上で画期的な影響をもたらした。

一九三七年、青少年義勇軍はわが国で創設され、翌三八年三月に茨城県内原に青少年義勇軍訓練所が完成した。

一九三八年二月に、拓務省は全国都府県に通達し青少年義勇軍の募集を始め、全国混成の中隊を編成した。

このころ富士教育会は、小学校の卒業生の就職指導のため、大宮職業紹介所長、県職業課担当者、郡下教員とともに一九三二年には職業指導研究会を、一九三七年五月には職業指導部を設置し、子供に適職を授ける活動を続けていた。

当時、経済不況のなか、こどもが工業地域に身売りのように就職し、適職といえない酷使、病気して郷里に帰郷することなども多く、この事態を何とかしようと、この職業指導部が生まれた。この職業指導部は、村長、職業紹介所職員が参加して、各学校での父兄会、巡回相談、求職・求人の事情を話し合うなど、地域が一体になって児童の仕事の掘り起こしなど進路指導に当たっていた。

一九三八年に入って転機を迎えた。職業指導部は青少年義勇軍を送り出す体制に変貌した。これまで教師たちは自分の教育と都会に就職した職業実態の矛盾に苦しんだが、青少年義勇軍への進路は学校教育の目標と就職する職業が一致するのみでなく、子供たちにとって国家に貢献し「理想的な自己実現の進路」になったのである。

静岡県は、政府・拓務省から青少年義勇軍の募集通達を受け、静岡県海外移住協会と連携し、一九三八年に県下の郡・市を指導し、第一次義勇軍に二一四人を内原訓練所に送り出したあと、この年の四月に引佐農学校に設けた静岡県開拓民訓練所で第二次義勇軍募集のために満蒙拓職講習会を開催した。

この講習会に、富士郡教育会職業指導部から役員たちが参加した。この講習会をきっかけに、郡教育会は六人の教員を茨城県内原の青少年義勇軍訓練所し派遣し、この教員たちは三日間、日輪兵舎で義勇軍と寝食を共にし、教員たちは感激した。

六泊七日の拓務訓練に取り組む

この経緯を経て、郡教育会はこの夏休みに、拓務訓練を実施することを決定した。郡教育会は、児童・教員に対する「勤労と植民精神の涵養」を目的とする「拓務訓練所」を、上井出村麓の大日本青年党修養道場において開設し、同年八月二日から八日まで六泊七日の合宿を実施した。

参加者は、小学校高等科二年生児童七四人、教員五二人、計一二六人であった。参加児童は義勇軍の希望者だけでなく「勤労精神の涵養」に重点を置き、広く参加者を募った。

朝五時起床、点呼・洗面・駈足・日本体操そして朝食。午前は講話のあと二時間の作業、昼食と午睡。午後は教練と作業・日本体操。当番が準備した食事、そのあと二時間ほど講話、礼拝・反省、夜九時三〇分就寝。七日間には、本栖湖行軍、最終日は白糸の滝まで帰途行軍も盛り込まれている。

先生と子供の心が一緒になって、土を耕す喜び、土に親しむ気分、共に汗を流し共に苦しみと喜びを味あう、これこそ拓務訓練・真の教育であった。講話では満州のこと、義勇軍の

在学最後の拓務訓練に女子児童も参加。富士小隊（神田中隊所属）

ことが話される。

訓練前と後の児童の態度は見違えるほど変わった。

同年九月末から一〇月末まで、県教育会主催による満州国などを回る鮮満支学事情視察が行われ、富士郡教育会会長が参加し、感激し、義勇軍送出に意欲を燃やした。

職業指導部は、富士郡下で義勇軍啓蒙運動を展開した。父兄への講演会、義勇軍紹介の映画上映など一九三九年二月ころまで開いた。

最終的に青少年義勇軍へ八三人の希望者を獲得し、県の銓衡に七七人が合格する。

富士小隊生まれる

郡教育会は、一九三九年三月七日から一一日まで、「青少年義勇軍予備訓練」を昨夏と同じ場所で実施した。

同年四月一三日、六八人は列車で静岡市に向かい、静岡で全員白鉢巻きをして静岡浅間神社に参拝し、駅前に宿を取り、翌日は県庁での壮行式、市中行進したあと、列車で茨城県の内原訓練所に向かった。
内原訓練所では、富士小隊は木村中隊の第五小隊として訓練を受けている。

第三次静岡県単独・植松中隊—清溪義勇隊開拓団

植松中隊のあらまし

静岡県単独青少年義勇軍・植松中隊は、県内各地から応募した二九七人の隊員で編成され、一九四〇年三月三〇日に内原訓練所に入所した。（一九二五年―二六年生まれの少年が中心）

静岡県においても、この第三次・植松中隊の編成以降、郡市単位の郷土小隊・県単位の中隊編成へと転換した。

植松中隊の構成は、第一小隊・富士郡だけで編成され富士小隊。第二小隊・沼津・田方・賀茂郡　第三小隊・静岡市・清水市　第四小隊・中遠地方　第五小隊・浜松市を中心に編成されたものである。

同年六月一八日、三ケ月の訓練を終え内原訓練所を出発して満州に向かう。同年六月二六日、牡丹江省寧安県の寧安訓練所に着く。

一九四三年寧安訓練所における三年間の訓練が終り、東安省饒河県に入植し清渓義勇軍開拓団として独立営農に入る。

一九四四年九月頃から召集が始まり、一九四五年五月には残留隊員はわずかになる。終戦時、関東軍撤退のあと逃避行に入り、東安省四合屯においてソ連軍に包囲され、清渓残留団員と家族は全滅する。植松中隊の死者四九人。

二年目の植松中隊が

第三次から、郡市単位の郷土小隊、県単位の中隊として編成した青少年義勇軍は、静岡県においてはこの植松中隊が最初であった。

県下の各郡市においてそれぞれ前年から小学校高等科において拓務訓練が取り組まれた。富士郡の場合をみてみる。

一九四〇年三月三〇日、植松中隊の第一小隊になった富士小隊の隊員五七人は、前年の七月三〇日からの一週間、富士郡上井出村麓の「富士道場」における合宿・「拓務訓練」を行った。たくさんの学校行事を積み、郷里を出発する際には富士郡下の出身校を行軍して訪問し学校挙げての歓送式と見送りなどを受けた。新大陸で「興亜の大業」を担う青少年義勇軍に対する郷土の熱気を背負って郷里から内原へと出発した。

『満州の土に生きて』から

『満州の土に生きて』は内原訓練所に入所してからのことをつぎのように記録している。

内原訓練所の日常生活は軍隊生活そのものでした。農作業は肥桶を提げた天秤棒を二人で担いで片道四キロはある道を運んだ。軍事訓練は二四時間寝ずの歩哨・不寝番を純真、真面目の一点張りでがんばりました。

一九四〇年六月一八日、三ケ月間の厳しい訓練を終了し、盛大な壮行会が開かれ、満州に向かって出発です。列車が静岡県に入ると、他県では見られなかった歓送ムードで圧巻だった。東は熱海から西は鷲津まで大変な場面でした。途中浜松で普斉寺一泊。この日、五社神社で壮行会が開かれたが、駅前から五社神社までの道は両側に学校の生徒、一般の人たちが埋めて、手に手に日の丸を持って迎えてくれました。

翌日、浜松駅から敦賀駅で下車、敦賀港からハルビン丸で朝鮮の羅津港に向かった。羅津駅から国境を越え目的地の牡丹江南方の東京城駅に向かった。東京城駅に降り、寧安訓練所に向けて約三三キロの長距離を行軍して到着した。広い原野にポツンと立つ植松中隊の宿舎があった。水道はなく井戸水、電気はなくランプ、風呂はなく小川での水浴、こんな生活が始まった。

朝食後は、農作業・鍬で畝（うね・作物を作るため土を一筋に盛る）をつくる作業・一往復だけで昼食です。

満州最東端の清渓屯に入植する

一九四三年、寧安訓練所における三年間の訓練が終わり、義勇隊開拓団として東安省の清渓に新天地を開くことになった。東京城駅からすぐ北の牡丹江駅に出て、そこからソ満国境の街・鉄道終点の虎頭駅で降り、ウスリー江沿いに北方一六〇キロ先の饒河県清渓屯小別拉抗が目的地である。

一月に先遣隊が雪の山道を三日かけて出かけ、本隊は五月はじめにウスリー江を下る連絡船で、農業と生活品・二、〇〇〇個以上の梱包を積んで、対岸のソ連領を眺めながら進んだ。

隊員が住むために、二、三割を残して住民全部、強制的に引越しさせてしまった。

小別拉抗に団本部を置き、みごとな原始林から燃料と材木を、ウスリー江の豊富な魚、水田、養蜂、泥炭・メノーなど無尽蔵の地下資源など、それぞれ売りに出すなど働き尽くした。

一九四四年九月から関東軍への召集令状がきた。みんな召集され、一九四五年には営農活動ができない麻痺状態となる。

一九四五年八月八日の夜半、ソ連軍の夜襲焼き討ちをかけられ、団長以下婦女子は宝清方向にむけ出発したが、一三日、各地からの邦人五〇〇人が、四合屯におけるソ連軍の二四時間の掃討戦によってほとんどが「玉砕」同然と息を絶ち、残った男性たちはソ連の捕虜となる。

第四次静岡県単独・石合中隊―龍北義勇隊開拓団

石合中隊のあらまし

一九四一年（昭和一六年）三月三一日、県内各地から応募した二五一人の少年が石合中

内原 1941年5月　行進のあと水戸常盤神社で記念写真。石合中隊全員。

隊として編成され内原訓練所に入所した。（一九二六年から一九二七年生まれの少年が中心）

同年七月四日浜江省一面坡特別訓練所に入所し、同年九月一〇日黒河省の大額大訓練所に移動する。

一九四四年三月に満州最北の黒河省その最北端・阿拉浜地区に龍北義勇隊開拓団として村づくりに入る。

一九四五年に次々と召集され、六月には村は団長以下二六人になる。終戦時、小興安嶺山中を一〇〇キロの逃避行。八月二三日嫩江で武装解除され、シベリヤに抑留される隊員と鶴岡炭鉱に徴用される隊員に分かれる。石合中隊は集団では帰国していない。一八人死亡。

『満州の土に生きて』より

一九四一年三月、静岡県下から応募した高等小学校卒業の少年・五〇八人が、二個中隊（石合中隊と鈴木中隊）に分かれて内原訓練所に入所した。石合中隊は隊員二五一人、五個小隊からなっていた。

一九四一年六月二六日、内原での三ケ月の訓練を終えて渡満の日、日満両国旗を先頭にラッパ鼓隊が奏でる義勇軍歌に乗って歩調も高らかに内原を出発して壮途につきました。隊員を乗せた臨時列車は、途中、沼津駅で止まり、雨中の沼津市で、知事をはじめ大勢の郷里の方々が参列して県民あげての壮行会が開かれた。

福井県敦賀港から熱田丸・八、〇〇〇屯の貨客船に乗船して朝鮮の羅津で降り、ここに上陸し、満州国に向かって汽車は進む。内地に比べ線路は広く汽車も大きい。朝満国境より吉林を経て満州国の首都・新京に降り歓迎会に出席。一泊して汽車で新京から北に向かい、ハルビンを経て浜江省珠河県一面坡駅に着く。この日、七月三日、内原を出て八日目である。一面坡駅より一面坡義勇隊訓練所まで、徒歩により一山越えて夜の九時頃に着き、兵舎に落ち着いたときは夜一〇時を回っていた。遅い夕食をとる。初めて見る薄暗いランプの灯りのもとで、「赤飯」と間違えて高粱飯を夢中で食べる。

一面坡に着いて間もなく、七月一七日より一ケ月程度、虎林における関東軍特殊演習の勤労奉仕などを行う。突然に深夜、匪賊襲撃にあう。

満州最北端のソ満国境の大額義勇隊訓練所へ

一九四一年九月一〇日移動命令。ハルビンから北へ北へと進み黒龍江沿いのソ満国境の黒河で下車し、夜間行軍で約二里ほど歩いて五道崗中隊兵舎に着く。翌日この兵舎で昼間は休み、夜八時ころから行軍を始めた。九月とはいえ夜間は寒く雲空で闇夜であった。ついに満州最北端のソ満国境地帯の「黒河省愛琿県黒河大額義勇隊訓練所」に夜の一一時ころに到着した。ここは大平原でなく、辺鄙な北の果て、酷寒零下三五度と言葉に言い尽くせぬ寒さが身にしみた。この大額訓練所で訓練に入る。

一九四二年二月一一日移動命令、朝から猛吹雪のなか手ソリに手回り品を積んで結氷した黒龍江を北にむかって行進し、五里離れた西山后地区に移動した。春になり、訓練所周辺に約五〇町歩の耕地があり麦類、野菜を作る。

月日が流れるにつれ拓友のなかから不満が次から次へ色々な事件を引き起こした。拓友の中から満鉄に転職するもの、ハルビンの教導訓練所へ行く者も出て一九四三年には隊員総数二〇〇人弱になった。

一九四三年三月、西山后地区からさらに満州の最北端の阿拉浜地区に移動した。一二棟の隊員用の共同住宅、一棟の本部、二棟の畜舎を建設した。

さらに北に龍北義勇隊開拓団を拓く

一九四四年三月、三年の訓練期間を終え、ついに待望の義勇隊開拓団に入植する。その名は「龍北義勇隊開拓団」と命名され、阿拉浜地区に本部と阿拉浜部落（八七名・農耕地一五〇町歩）をつくり、鮑家地区に鮑家部落（二八名・農耕地四〇町歩）をつくって、義勇隊龍北開拓団が出発した。

赤い夕日が沈む大陸、悠々と流れる黒龍江、清流に川鱒が泳ぐ方別拉川、西山后の曠野に咲き乱れる幾多の草花、冬は酷寒零下三〇度、身に刺す寒さであった。

食糧生産と開墾に一生懸命に頑張り、初の収穫はほんとに楽しかった。

収穫が総て終了した秋、二班に分かれて、二ケ月間の初の里帰りです。

一九四五年四月頃より、次々に軍隊に召集され、七月頃には隊員三〇人になり、残された隊員で前年通り耕し家畜も減らすことなく守り続けた。

一九四五年八月八日突如としてソ連軍の侵入を受け、石合中隊は、開拓地に総てを投げ捨てて小興安嶺の山の中を一〇日間以上の旅をつづけ、八月末ころ嫩江に着いて日本の無条件降伏を知り嫩江収容所に収用される。

龍北義勇隊開拓団に最終在住者は、団長、団員花嫁、団員二六人の合計二八人であった。この中から、嫩江収容所で、七人がシベリアへ強制抑留され、残った団員はさらに北安収容所、黒河収容所と移動し、そこでまた七人がシベリア行きとなり、団員は流浪の旅のなかで六人が病魔に倒れた。石合中隊は集団帰国できなかった。

鶴岡炭鉱で働いていた野口米吉さんたち二八人は、一九五八年に帰国する。

第四次・鈴木中隊―大成義勇隊開拓団

一九四一年（昭和一六年）三月二一日、第四次青少年義勇軍として、静岡県内の尋常小学校を卒後の少年五〇八人が静岡市公会堂で壮行会を行い、内原義勇隊訓練所に入所した

（一九二六年から一九二七年生まれが中心）。

五〇八人は、翌日内原で県内各地からの二四六人で鈴木中隊と石合中隊とに分けられた。

鈴木中隊は、六月二六日、内原における三月の内地訓練が終わり、この日、早朝に内原訓練所を出発する。宮城遥拝し、東京駅で乗車し、沼津で宿泊する。翌日、沼津第四小学校で壮行式。知事挨拶があり、終わると父母・親戚の面会、そして市中行進、沿道の見送りは盛大であった。午後沼津駅発、渡満の途に着く。二八日、伊勢神宮参拝、翌日敦賀港を、敦賀中学のブラスバンド『暁に祈る』に送られて出港。

七月一日朝、朝鮮清津港に入港し上陸。羅津駅発、豆満江を渡り朝陽川で止まり三日に吉林で大休止、四日新京泊。

七月六日、浜江省一面坡特別訓練所に入所する。到着するや、七月一〇日から八月一五日まで、関東軍七九五部隊部隊、野戦貨物廠など軍役に奉仕する。これが関東軍特別大演習であった。

八月二二日、一面坡にて、近くの東京開拓団に「匪賊」が来襲する。中隊長以下びっくり仰天、警備の配置につく。

鈴木中隊、清水市出身の隊員の故郷からの出発。童顔も初々しい。

鈴木中隊の静岡市中行進と静岡駅前の惜別の集まり。

黒河省大額訓練所へ

九月六日、黒河省大額訓練所に移行し一九四三年前半までここで訓練を受ける。

一九四三年七月二日、中隊長以下五〇人、鈴木中隊義勇軍開拓団の予定地である大成へ先遣隊として出発する。

一〇月二日、黒河省大成地区に大成義勇隊開拓団として移行を完了する。一一月一〇日に入団式を行なう。

一二月一〇日、孫呉一〇四部隊、七一三部隊の軍役奉仕に四〇人。

一一日、山神府四四二〇部隊に二〇人など多数の隊員が軍役奉仕に出向き在団者が少数になる。退団者も続出する。

一九四四年、順調に開拓進む。近くの三キロくらいのところに関東軍の大成飛行場がありその傍らに大成開拓地を置いていた。

一九四四年五月三一日、大額義勇隊訓練所、終了卒業式。

最北の地に大成義勇隊開拓団を拓く

一〇月一三日、第四次大成義勇隊開拓団としての正式の結団式を挙行、同時に開拓祭を行う。

一一月一六日、待望の内地帰省の第一陣が一時帰国。

一九四五年五月、団において最大の召集・入営者を送り出す。ほとんどの隊員が召集される。当日在団者四八人になる。このころ大成飛行場部隊には兵士は一人もいなくなる。

八月一〇日、ソ連軍の満州侵攻を知らされる。全員本部前に集合。全員に酒が注がれ別れの杯を上げる。雨の降るなかを糧秣と弾薬を大車に積み込み大成開拓団を後にする。

一七日、夕、ようやく嫩江につく。

高島曹長・郊外のソ連軍に切り込み敢行を説く

二二日夜、停戦を知らされる。全員放心状態。高島曹長が全員を集め郊外に待機中のソ連軍に今夜、切り込みを敢行しようと熱っぽく檄を飛ばす。団長が「上御一人がどうなるか聞いてからにしては」と発言、その場は終わる。

二四日、シベリヤ抑留者と奉天難民収容所行きとに別れる。

一〇月二二日、抑留者は黒龍江を越えて対岸のブラゴエにわたる。江岸で露営し翌日黒河に逆送される。北安飛行場に収容され、関東軍の物資をソ連に運ぶ作業、北安から黒河までの鉄道全部、枕木まで取り外しソ連にもち込む作業に従事する。

一二月末に、一〇人位残し解放される。隊員四〇人弱は奉天に入る。

一九四六年二月に入ると、国府と共産の対立が激しくなる。国府軍に勧誘されて兵士になる。国府軍から衣食住と月三〇〇円支給される。ある日ソ連警察が来て、国府軍に行った者は全員来いと拉致される。

三月初旬から発疹チフスで死亡する者がピークを迎えた。しらみが血を吸い続ける。奉天で一三人の若い生命が望郷の思いを抱きつつ逝った。

五月一九日、第一陣として北奉天を出発、無蓋車でコロ島、三一日博多着。大成開拓団の引き揚げ第一陣、鈴木団長以下十数人。

入隊当時駿東小隊四〇人のうち第一次帰国人員は三人。それほど過酷で厳しい逃避行だった。鈴木中隊の満州での死者は二八人。

第五次静岡県単独・池谷中隊―大公河義勇隊開拓団

池谷中隊のあらまし

一九四二年三月四日、第五次青少年義勇軍に静岡県単独中隊として応募した池谷中隊と木下中隊が内原訓練所に入所した。池谷中隊は総員三一八人（一九二七年から一九二八年生まれが中心）。

県下の賀茂郡一九人、田方郡三九人、安倍郡一一人、志太郡九二人、榛原郡二四人、小笠郡五五人、磐田郡四五人、静岡市三二人であった。

同年五月二二日に内原訓練所を終えて渡満の途につく。

同年六月一日、黒河省愛琿県五道崗の大額訓練所に入所する。この大額訓練所は、青少年義勇軍大訓練所としては満州の最北端に位置する。

訓練に入るや、同年九月満鉄就職二八人、同年から翌年にかけ特務機関員として一二人、翌年から一九四四年にかけて召集一一人、南満州の鞍山鋼材ＫＫへ勤労挺身隊として二五人、一九四四年一〇月孫呉の野戦貨物廠の戦時特別奉仕隊へ九五人がそれぞれ配置転換される。

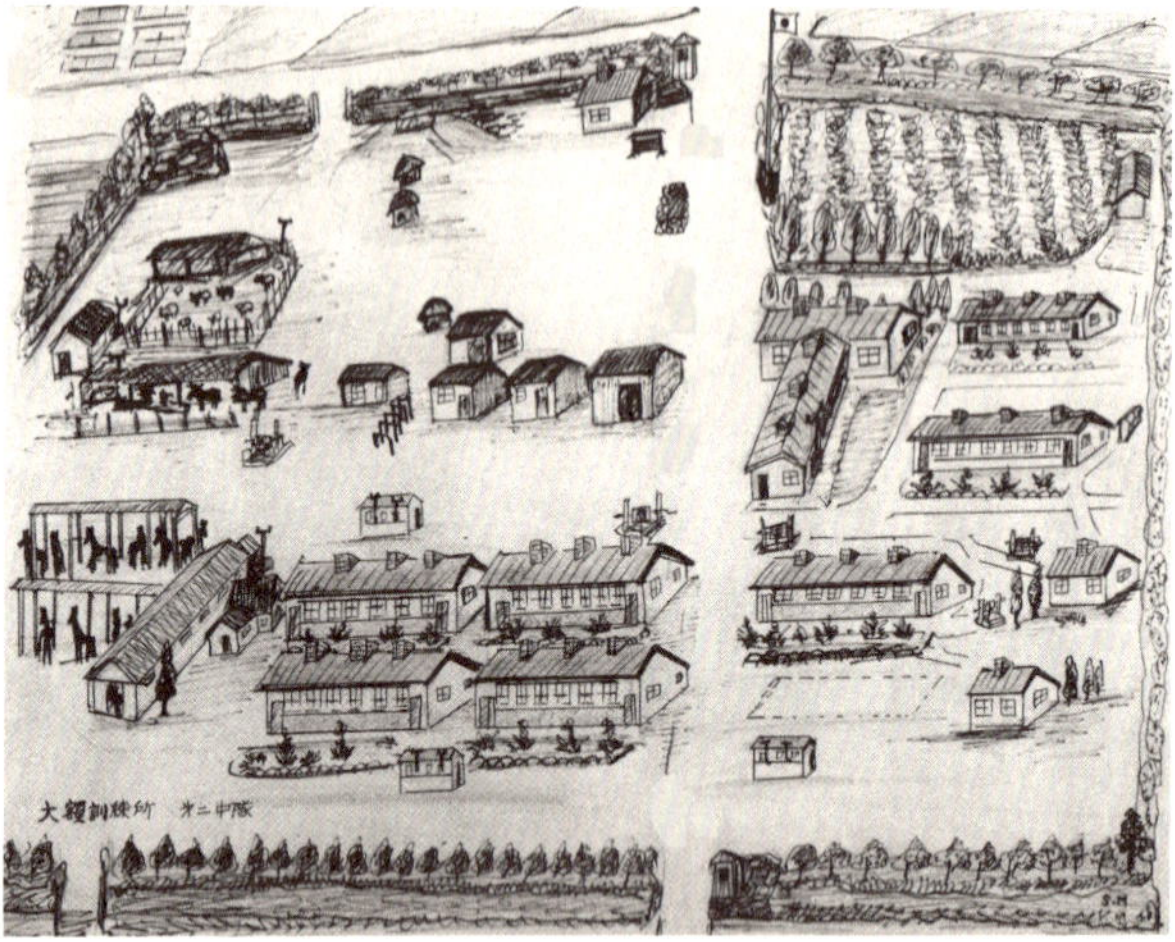

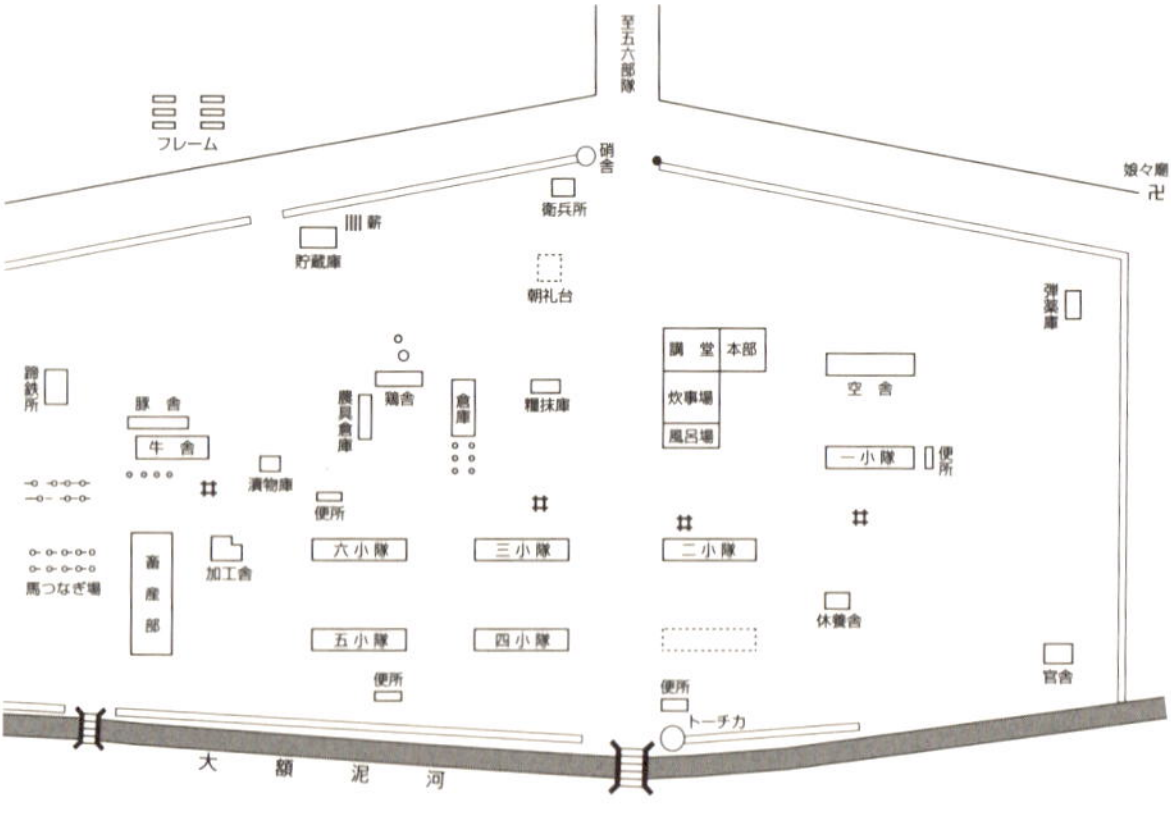

大額訓練所の俯瞰図と平面図

池谷中隊本隊は、三年間、大額訓練所五道崗で訓練を受ける。

池谷中隊の大公河義友隊開拓団への移行は、一九四四年一〇月に第一次先遣隊三〇人、一九四五年三月第二次先遣隊三〇人、本隊は同年五月三一日に七二人が入植して完了する。

このあと、同年七月には根こそぎ召集され、大公河開拓団に残った隊員は二〇人位になる。

義勇隊開拓団においては、主として小麦を栽培し、水田も耕して自活態勢にあったが、本隊入植後七〇日で敗戦となる。

一九四五年八月一〇日、大公河を出発し、小興安嶺の山中行軍を三〇日続け、南北川で団二分し隊員は各地分散越冬。二八人死亡。

『満州の土に生きて』から

一九四二年、島田の大井川河川敷の松林に日輪兵舎があった。志太郡下の池谷中隊志願者一同一〇〇人は、この日輪兵舎で、卒業式をまぢかにひかえた二月二日から四泊五日にわたって基礎教育訓練をおこなった。二月上旬の吹き荒れる大井川のからっ風のなか規律正しい生活が始まった。訓練最終日、午前八時、二個小隊は日輪兵舎を出発し、四列縦隊で、島田町、六合村、大青島町、豊田村、大富村、小川村を通り、義勇軍歌を歌いながら目的地焼津駅に着いた。

一九四二年三月四日、県下から総員三一七人が内原訓練所に入所する。

満州最北の黒河省大額訓練所五道崗に入所

同年五月二九日満州北端の町、黒河駅に到着した。ここから三里離れている訓練所へ向かって行進する。右手に黒龍江を挟んで見えるソ連の山々、夕闇を通して光る灯り、いかにも不気味なものだ。全く遠く離れた国境の町に来た実感と骨を埋める覚悟でやってきた北満州の土を踏みしめる興奮とで高鳴る胸を抑えきれなかった。黒河省大額訓練所五道崗に入所する。

日ごろの訓練は、全員で農作業、開墾や種まき、野菜もいろいろ作りたくさん収穫した。大豆、燕麦、小麦などの作付けをした。

わが国の満州開拓の基本方針は、未利用地の新規開拓であったが、概して中国人の既耕地を時価より安く買い取るのが実態であったが、池谷中隊の開墾は、一〇メートル四方の荒地を四人に与えられ四隅から開墾していた。

冬の日課の大部分は軍事教練だった。自分の背丈よりも大きい銃で射撃、戦闘訓練が続けられた。

同年から一九年にかけて、満鉄へ二八人、特務機関員に一二人、鞍山鋼材へ二五人、昭和一九年一〇月孫呉の野戦貨物廠へ戦時特別奉仕隊として九五人が転職していく。

一九四五年六月一日、中隊は、三年の訓練が終わって、同じ黒河省を黒龍江沿いに二〇〇キロほど南下した孫呉の大公河開拓団への入植が完了するが、このときの隊員数は一三二人であった。この年の七月、次々に召集され、大公河開拓団在籍者は二〇名くらいになる。

八月九日まだ夜が明けきらない早朝、馬で伝令が飛んできて、「本部より伝令、本日ソ連参戦す、関東軍より直ちに撤退せよと連絡あり、各自私物をまとめて次の連絡を待て」と繰り返す。

八月一〇日午前一〇時ころ、大車に食糧と大釜、各自のリュックなどを乗せ、約六〇頭の馬を引き連れて出発した。

小興安嶺の山の中へ

北安を目指し小興安嶺の山の中へ分け入って行き、途中、青森開拓団の人たち、敗残兵と合流し総勢二百人余の逃避行になる。

一六日、食糧が尽き、一日一頭の馬を殺して二〇〇人で分ける。塩もなくくすぶり燃える火で焼いた一にぎりの馬肉が一日分、持つ小銃が重く銃弾を一〇発、二〇発と捨てる。長い長い山中行軍が続く。

一八日の早朝、三八式歩兵銃の銃声が二発した。これは同行していた民間人親子4人の親が、誰から借りたのか、小銃で七歳と五歳の姉弟の命を絶った音であった。夫婦も隊列からいつからか消えた。

その後、九月一〇日、三日つづいた雨が濁流となる南北川にぶつかる。ここで泳いで渡るものと、泳がなかったものと、隊員は二分することになった。

団長さんら渡川しない隊員は九月一三日に北安街に到着した。

渡川した隊員は、南下の途中の新潟開拓団に助けられ二一年二月までここで暮らす。そのあと北安に出て北安収容所に着く。

仕事を探し、食堂の皿洗い、豆腐づくりや水汲み、酒造所の原料運搬、便所の掃除など、選り好みなく何でもやった。隊員一〇人が西安炭鉱に仕事を見つけて働く。ここで二名病死、一人は事故で右足骨折・障害者になる。

鶴立炭鉱で一九五三年まで働く

在満日本人の帰国が始まった二一年七月、隊員五〇人が帰国ということで一年間の苦しみも吹き飛ぶ思いで北安駅から列車に乗っていると、列車は途中から綏化より東に向かい佳木斯に着き北上して鶴立駅に着いた。帰国とは真っ赤なウソ、鶴立炭鉱に連れて来られた。

川村静夫さんは手記に次のように書いている。

土壁に土の床の長屋、カマス一枚で寝よという、高粱飯に大根汁。

炭鉱側の役人が、「内戦で若い者が南方に行ったので、中国の建設に協力していただきたい。」という。

しかし、隊員たちは、嘘偽りで炭鉱に連れてきたことに自暴自棄になる。雪と氷の露天掘り、トロッコ押し。ボロ服を通して差し込む寒さ、仕事中に中国人からスコップで殴られる、隊員は押しつぶされた。

そこへしらみによる発疹チフス、毎日死者が出る時期があった。

この犠牲を目の当たりにして、どんなに苦しくても祖国を踏むまでがんばり通さねばならないことを教えてくれた。

一方、仕事の方も、一年経過する中で、中国人の私たちに対する態度も変化し、労働者同志、友達、同一賃金、中国人と同等に扱われるようになり明るく仕事がやれ、しらみとの同居も縁が切れ清潔な生活になった。仕事の余暇には、楽器を弾く者、宿舎の広場でバレーボールなど生活に潤いも出てきた。

一方、中国内戦は進展し、新中国の建設が前進し、新中国が成立した。

ところが一九五〇年六月二五日に炭鉱内で不発ダイナマイトの処理の過程で目と鼻の先で爆発にあい、意識不明の労働災害にあう。二、〇〇〇ccの輸血などで助かるが、私の受けた肉体的、精神的打撃は言葉に表すことはできなかった。自殺を幾たびか考えた。しかし、落ち込んだ穴から引き揚げてくれた友のあたたかい友情に助けられ日と共に精神力が培われていった。

私は一九五三年八月一〇日に興安丸で舞鶴港に帰国した。

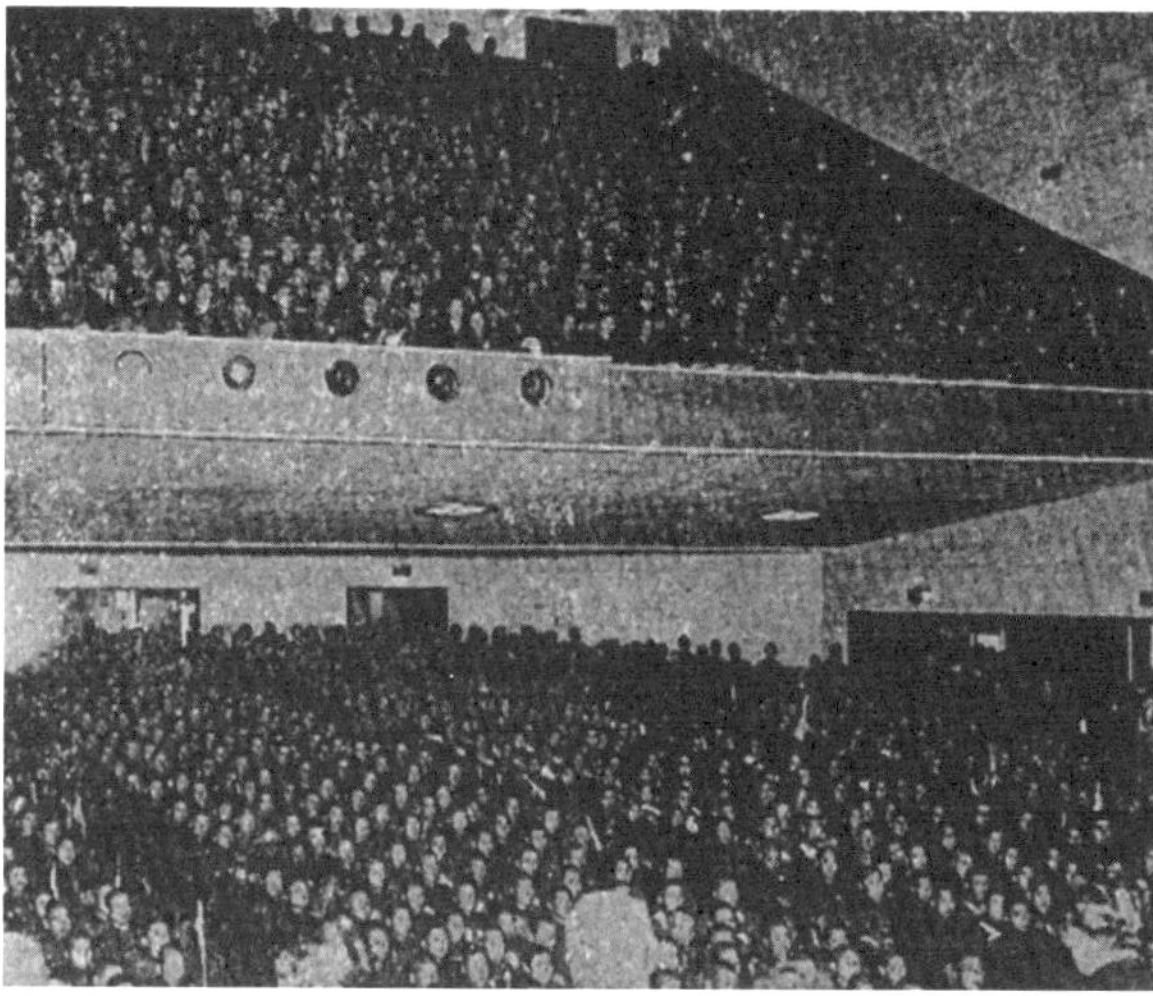

池谷中隊と木下中隊の壮行会。（静岡市公会堂）

壮行会のあと浅間神社に向かう市中行進。

第五次静岡県単独・木下中隊―北斗義勇隊開拓団

木下中隊のあらまし

一九四二年二月に、第五次静岡郷土中隊の二個中隊（木下中隊と池谷中隊）の編成が終わり、三月四日、静岡県主催の盛大な壮行会が開かれた。同日、内原訓練所に入所、総員二五三人（一九二七年―二八年生まれが中心）。

同年六月三日、黒龍江省大額訓練所に入所。

一九四四年一一月頃から野戦貨物廠ハルビン支所六七人、鞍山鋼材会社、特務機関へ動員される。

一九四五年五月、三年の訓練が終わり、北安省鉄驪の北斗開拓団に入植する。

一九四五年八月一三日、満一九歳以上全員召集。

終戦時、北斗を出て新京に着いた人員は一〇五人。ソ連軍、中共軍などに収容される。

一九四六年七月　子供たちのほとんどと大人も犠牲者を出し、新京出発、錦州コロ島から博多に帰国。五八人が帰国、二〇人死亡。

『満州の土に生きて』から

木下中隊の編成は、駿東郡、富士郡、周智郡、沼津市、清水市、浜名郡、引佐郡、浜松市の五郡三市、二五六人であった。

富士郡においては、前年の一九四一年の夏、富士山山麓の富士道場で夏季拓務訓練を行った。この拓務訓練では内原訓練所での心構えを養うことを目標に進められ、作業としては開拓実習、夕食後には小学校の校長による満州と開拓についての講話が行われた。

年が明け、一九四二年、卒業直前に冬季訓練として、元吉原小学校校庭に日輪兵舎を作り集団生活に慣れるための予備訓練が実施された。

その後、内原へ出発するに先立ち郡下の志願者の出身校をみんなで訪問し全校生徒の歓送会が開かれ、義勇軍への志望決意をさらに高めたのであった。

雪の中の歩哨

前年一二月八日太平洋戦争が始まり、緒戦でシンガポール陥落の直後だけに、県都・静岡市街を鼓笛隊を先頭に駅に向かって行進する青少年義勇軍は、歓呼の声と旗の波で送られ、茨城県内原訓練所に向かった。

内原の朝は早い。禊、参拝、武道、教練、農事、教学、自給自足の生活に実習などすべてが修行であり、軍農一致の精神修養であった。

五月二二日、内原を離れ渡満の出発日であった。鼓笛隊に先導されて内原訓練所を出発し、内原駅では軍楽隊の静かに流れるような演奏のもと列車に乗り込む厳粛な門出であった。

東京駅で下車し、宮城前広場で皇居二重橋に向かい天皇陛下に弥栄を三唱し、靖国神社を詣でて、芝の増上寺で家族と面会。面会が終わると一路満州へ出発。やがて列車は郷土にさしかかる。沼津駅、浜松駅はわずか数分の停車、富士駅は徐行のうち通過、窓外の見送る人々を見つめながら敬礼を続け、我を呼ぶ声の彼方に兄弟姉妹の顔を見つけるも瞬時の別れだった。沿道沿いの田にはかがり火を焚いて通り過ぎる列車に手を振り、日の丸の小旗を振ってくれる人が大勢いた。六〇年後の今も瞼の奥に焼きついている。

列車は下関に到着し、関釜連絡船で釜山から列車で朝鮮鉄路の旅となり、朝鮮を縦断し満州へ、北へ北へとひた走りソ満国境の街・黒河へ到着する。黒河から黒龍江に沿って、さらに北へ二五キロ地点に大額訓練所がある。北緯五〇度三分、樺太の北端と同じ緯度である。

関東軍北部最前線のど真ん中にある義勇軍訓練所

大額訓練所は北辺防備の最前線、黒龍江をはさんで対岸にソ連の街・ブラゴエチェンスクが見えるソ連国境の訓練所である。

訓練所本部より八キロ後方の山に関東軍第四軍司令部があり、直近二キロの山に関東軍独立守備隊五六部隊、後方には関東軍機械化部隊八四部隊が駐留していた。大額訓練所は、関東軍北部最前線のど真ん中にあった。

この大額訓練所には、五個の青少年義勇軍の中隊が訓練していたが、そのうち四個中隊が静岡県であった。静岡県から前年に、鈴木中隊と石合中隊がすでに入っており、今回、木下中隊と一緒に池谷中隊が到着した。木下中隊は、大額訓練所本部に配置された。

訓練所の生活は、農作業四割、軍事教練四割、学科二割と義務付けられていた。

中隊には、四〇町歩の畑があった。五月中旬から九月いっぱいが農作業の月間で、入所早々春の作付け期のため呑気にしていられなかった。衛兵勤務、炊事係り、畜産係りを除いて全員が農作業にかかり、開墾、種まき、割り当て面積が修了するまでは帰ることが出来なかった。白菜、甘藷、玉葱、馬鈴薯、南瓜、など種類は多く、収穫期には軍のトラックが畑まで来て持っていく、なんのことはない義勇隊は軍の野菜まで請け負っていた。

北満の冬は早く、九月いっぱい収穫も終わって一段落すると、近くの独立守備隊第五六部隊と第八四部隊から下士官を長とする指導班が派遣され一週間から半月にわたって軍事訓練の指導を受ける。自分の背丈よりも大きい銃を持ち、凍てつく厳冬のなかで、戦闘訓練、ぼんやりすればたちまち往復ビンタという厳しさであった。

大額訓練所に入って初年度・一九四二年九月に、満鉄から派遣要請があり、三六人を送り出した。鉄道学校で半年の教育を受け全満に配置された。また、特務機関からも派遣要請があり六人送り出す。

さらに一九四四年一月には関東軍からの要請で、関東軍野戦貨物廠警備要員として九三人徴用され軍属として肇東貨物廠で任務に就いた。

北斗義勇隊開拓団に補充入植する

一九四五年に大額訓練所三年の訓練が終わり義勇軍開拓団へ移行する、その移行先が北斗開拓団に決まり、一九四四年一〇月北斗義勇隊開拓団に補充入植する、その先遣隊が三〇人入植する。

北斗義勇隊開拓団は、山形、秋田、新潟はじめ北陸各県による第一次混成中隊が拓いたものであったが、召集で幹部数人と女性・子供が残る開拓団であった。

木下中隊の先遣隊に対し、兵役志願予定者は集まれの連絡が入り、先遣隊のうち一九二七年（昭和二年）生まれの全員が徴兵令第七条による現役志願として徴兵検査を受けた。甲種合格はなく第一乙種合格の四人が一九四五年三月に現地召集された。

この後―鞍山鉄工所への勤労挺身隊として二五人動員され工場労働で苦労する。

一九四五年五月、隊員が半数になった本隊が北斗開拓団に入る。

同月一二日、繰り上げ召集でほとんど全員に召集令状が来る。

ハルビン満州第三一五一部隊に入隊し、軍服は受領したが、武器はなかった。

八月一五日、敗戦を知らされ、一六日、召集兵解散、軍服を返し私服に着替える。

同月一九日、開拓団に戻る。どうなるか不安の婦人、子供たちが涙を流して喜んで迎えてくれた。

九月八日、ソ連兵によって武装解除される。

九月一四日午前、現地住民の最初の襲撃を受ける。雲霞のごとく群集が押し寄せる。第二回襲撃で松谷先生が、五―六人に囲まれて撲殺される。

九月二三日、日本人集結命令。木下中隊と先輩家族で百余名・子供達も全員が、北斗開拓団を放棄し、鉄山包駅に向かい同駅から、難民を満載した長い無蓋車に乗って、避難の旅に出る。駅でないところに止められるその度にソ連兵が自動小銃で威嚇しては時計、万年筆を略奪していった。九月二七日、新京着。

一〇月二日、新京で大房身陸軍官舎に北斗開拓団一〇五人は避難。

一〇月九日、ソ連兵が大房身に来て、祝賀行事に使役を出せと命令、北斗三〇人が応じた。実は、ソ連兵のマンドリン自動小銃で前後を固められソ連南嶺収容所に連行される。

関東軍肇東貨物廠に派遣された九〇人はほとんどシベリア抑留となる。

一九四六年七月、子供達のほとんどと大人にも犠牲者を出し、越冬できた五八人が新京を出発し錦州コロ島から博多に帰国（木下中隊、満州での死者二〇人）。

第六次静岡県単独・匂坂中隊

匂坂中隊のあらまし

一九四三年三月、内原訓練所に入所、総員は二〇二人であった（一九二八年―二九年生まれが中心）。中隊は、静岡市、清水市、富士郡、庵原郡、安倍郡、小笠郡、磐田郡、引佐郡の出身者で構成された。同年一〇月二三日、三江省勃利訓練所に入所する。訓練所に入ったが受け入れ態勢不備であった。

一九四五年、終戦前は、大連造船所や飛行機製作への産業挺身隊として五七人、基幹農業班として一三三人。八月一四日、軍命令により勃利訓練所の本部施設、各建物を焼却する。同日、勃利から邦人、訓練生を乗せた列車は林口手前で運行不能になり逃避行となり犠牲者出す。六八人死亡。帰国は一九四六年中が多いが一九五八年まで続く。

『満州の土に生きて』より

青少年義勇軍をこころざした隊員たちは、郷里を出発する朝、それぞれが、数百人の学友が並び、町内の人も出てきて数えきれない人が見送る中で、先生、生徒の代表から送別の辞をいただき、本人が謝意を述べたあと、担任の先生、義勇軍担当の先生、そして県の引率者に連れられて内原訓練所に向かう。

内原では、内地訓練のため八月に入って、北海道農法の学習ということで北海道に渡った。二ケ月間の訓練が終わり、帰路東北線の駅に停まるたびに「義勇軍さんご苦労さん」と言ってては大勢の人がリンゴが入った大きな袋を窓からなげいれてくれた。内原につくころには通路に山積みになった。

内原に帰って間もなく、渡満が決定し、壮行式のあと内原駅を出発、東京で宮城参拝、静岡で壮行会、伊勢神宮に参拝し、名古屋経由で新潟についた。「月山丸」出航の矢先、関釜連絡船が米潜水艦に撃沈され、出航が一週間延期になった。出航という朝、新潟港の埠頭に大勢の女学生が、船が岸壁を離れ始めると「土の戦士に送る歌」を綺麗な声で歌い出し隊員たちは挙手の礼でこたえた。泣いているような女学生の声に隊員たちの目頭が潤んでいた。米潜水艦を警戒し、「月山丸」は蛇行したので、普通一昼夜かかるところを二昼夜かけて朝鮮の羅津港に着いた。豆満江を渡って、列車は順調に走り、牡丹江を経て目的地・勃利に着いた。一〇月三日、本部で入所手続きを済ませ、そこから一〇キロを歩いて自分の中隊の勃利訓練所に到着した。

勃利訓練所で訓練する

一一月に入ると、気温一五度と下がり雪も降った。冬に備えて雪山に入り伐採作業が始まり木を切って中隊に運ぶ作業が続いた。

このころになっても防寒靴、防寒服の支給もなく、農作業で酷使した夏靴では、足指が真白くなり壊死してしまう。防寒具の支給が遅れた。

一九四四年の農年は、中隊として、勃利訓練所で訓練を受けた。

大豆畑の草取りから始まったが、豆より雑草の方が丈が高く草とりというより草刈だったが、鋤頭という満州の在来農具を使うと効率が上がった。

一九四五年八月一〇日、訓練所本部から各隊は身辺整理のうえ、当分の必需品を携行し、勃利市街の義勇隊訓練所出張所に集合するよう指令が出る。

一四日の朝、ソ連機による勃利駅周辺の爆撃がある。

同日午前一〇時ころ、周辺開拓団の人たちも加わり三、〇〇〇人が隊列を組んで牡丹江に向かった。勃利駅から五キロほど進んだころ、突然ソ連機二機が現れ、隊列に機銃掃射を浴びせてきた。開拓民であろう母親が背負った子供が腹部を貫通されたのを見たがどうすることもできず、子供を背から下ろしてやるのが精一杯であった。
この日は野宿し、翌朝に出発する直前にソ連機が九機、こんどは機銃掃射で雨が降るように弾を撃ってきた。また回ってきては同じように撃ってきた。

逃避行の開拓団にソ連機の機銃掃射

一四日の機銃掃射のあと、進行方向の天空を真っ赤に染める火炎が立ち昇った。そこで騎馬斥候隊を編成した。この隊も、数日後に、ソ連機の機銃掃射を受け、分散してしまう。隊員の一人は牡丹江周辺の山をさまよって四日ほどしたとき、同じ匂坂中隊の拓友に会う。

このとき拓友たちは、逃避行中の開拓団の幹部の奥さんたち五人と子供二人と一緒であった。勃利の山中には、東満州のたくさんの開拓団の女性と子供づれが鉄道のある勃利へと団体行動を取ってきたが、ソ連機の爆撃でばらばらになり、義勇隊隊員に守られながら行動することが多かった。

また幾日かあと、隊員が山のなかへ小用で脇に入っていくと、三〇歳くらいのその女性が三才位の女児の頚動脈を切ったところを見てしまう、後生だから私を撃ってくださいといって聞かない。みんなのところに戻ってきてこのことを話すと一緒にいたお母さんたちも、私とこの子たちを処分して欲しいと言い出した。がんばっていきましょうと励ましつづけた。険しい山に入っていくと、後頭部に出血痕がある四体のまだ時間が経過しない自殺体に遭遇した。一緒にいた奥さんたちはいつの間にかいなくなっていた。

隊員たちは、ソ連兵に武装解除され、また分散し、ハルビン難民収容所に入り、自活の道に入る。

成岡睦美さんのこと

成岡睦美さんの『張家の人々―異国の丘の思い出』をここで紹介する。

十七歳の七人の隊員たちが、勃利訓練所から南方の山の中を三月間、餓えと過労にさいなまれながらさまよい、人間のいるところで死のうと中国人村に降りて行ったところで中国人農夫に助けられる。

中国人から知らせを聞いたソ連兵がやって来て、自決用の手榴弾の武装解除をされ、トラックに乗せられて敦化の近くの大浦柴河部落に連れて行かれた。

この部落一番の大地主である張永勝さんの苦力になった。

中国人は日本兵から日本刀で砕き切られるのを目撃し血を吐く思いであろう、成岡さんは危惧していた。

一九四五年末から四六年三月まで、中国人家族から、日本人に痛みつけられた恨みは一言もなく、仕事は家畜の世話や薪割り、この家の子供のように同じものを食べ、慈愛のこもった親身な世話をしてくれた。

言葉・民族の違いを超えて、心にしみる温かさとやすらぎを最初に与えてくれたのはおばあさんであった。

この大地主も、一九四六年三月に、八路軍によって武装解除され、義勇隊の若者たちは八路軍の捕虜になる。このとき、おばあさんは成岡さんに、襟に毛皮の付いた日本製の毛皮の外套を『持っていけ』とおしつけ『病気になるんじゃないよ』と言ってぼろぼろと大粒の涙をこぼしていた。

第六次静岡県単独・渡辺中隊

渡辺中隊のあらまし

一九四三年三月四日、内原訓練所に入所する。総員一九九人(一九二八年—二九年生まれ

が中心）。出身地は、賀茂二二人、田方一三人、駿東一七人、沼津一二人、三島一人、熱海一人、志太四六人、榛原二四人。

一九四三年八月一三日、内原訓練所で盛大な壮行式を終え、満州へ出発する。同年一〇月一八日ハルビン特別訓練所に入所する。

一九四四年一〇月から召集と軍への戦時勤労挺身隊派遣始まる。

一九四五年・終戦時、一七歳以上はソ連捕虜、以下は少年隊として残留。住民に襲撃されほとんど略奪される。

一九四五年八月三一日、ハルビン香坊収容所に入り、九月に入って牡丹江収容所に収容され一〇月一〇日ハルビン礎収容所に戻り越冬する。

一九四五年一〇月一四日一七才以上の帰還と少年隊を解散し元の中隊編成にする。発疹チフスで死者多数。死亡二〇人

一九四六年九月四日、収容所を出発し帰還の途につく。コロ島から出港、一〇月四日佐世保に着く。

『満州の土に生きて』より

一九四三年三月四日、小学校の卒業式を待たずに、静岡県選出の第六次青少年義勇軍として、内原訓練所に入所した。この第六次の応募者が、渡辺中隊と匂坂中隊の二つになった。

浜名郡「金原用排水路」の土木作業に訓練の汗

夏は朝六時起床ラッパで起床―夜は九時半に消灯ラッパで就寝する。この規律ある生活に慣れた頃、五月二四日から六月一五日まで、所外訓練として、静岡県浜名郡赤佐村の村立赤佐小学校に合宿して天竜川から水を引く「金原用排水路」の土木作業に勤労の汗を流す。嬉々として作業に勤しむ少年たちの姿は好感をもって迎えられた。

続いて所外訓練として、七月六日から九月九日まで北海道十勝への援農勤労奉仕にとりくんだ。学校、公民館、集荷所など一一ケ所に分宿して援農農家に毎日通う。満州の広野さながら農家の人たちに可愛がられて楽しい二ケ月であった。

島田市主催の盛大な壮行会

一九四三年八月一三日、内原訓練所で盛大な壮行式を終え、東京駅から鼓笛に合わせて行

渡辺中隊の国内訓練。静岡県天竜治水工事の時の記念写真

進し、道往く人達も鍬の戦士を迎え、宮城遥拝・天皇陛下の弥栄を三唱して再び列車へ。

列車は静岡県に入り静岡駅で下車、県庁正面玄関で知事の激励・壮行会、市中行進をすませて列車で島田へ。宿泊は島田第四尋常高等小学校。満州開拓の父・加藤弘造氏の配慮で渡満の前夜を楽しく過ごし、翌日、島田市主催の盛大な壮行会を催して島田駅まで市中行進。市民の日の丸の小旗と歓呼の声に勇気づけられ増結した専用車両で下関へ。関釜連絡船で釜山へ。特急アジア号で一路ハルビンへ。一〇月一八日ハルビン訓練所に着く。一〇月のハルビンはもう初冬、一一月に入ると地表は凍結し始める。

一年目（一九四三年）の最初の作業は、先輩の作った農作物の収穫と冬に備えて中隊貯蔵庫への

故郷よさらば。乗船前の整列といざ乗船

収納作業。ジャガイモ、赤丸大根、人参、葉菜類など。冬季はもっぱら教練。

二年目（一九四四年）は、穀類、芋類、蔬菜などの栽培と除草作業。午後は長い畦（うね）一往復の除草で終わる。翌年の義勇軍開拓団へ移行に備え特殊技能訓練に出向する隊員が続々。獣医訓練一人、馬具講習一人、衛生訓練五人など。

召集は一〇人を越し、勤労挺身隊として関東軍第八八部隊へ三〇人四ケ月、ハルビン市内警備隊に三〇人三日間、ハルビン高射砲陣地の構築の作業要員を連日と戦局急の感が出てくる。

三年目、（一九四五年）農耕作業も自発自習になり、訓練所内の特科勤務として郵政、養兎、醸造、食品加工、農機具・トラクター等がある。

徴兵年齢が満一八才に下げられる

徴兵年齢が満一八才に下げられ、次々と入隊していく。

一九四五年八月一五日、天皇の戦争終結の重大放送を聴き、茫然自失。ソ連軍の進駐が始まり武装解除。三八歩兵銃が中隊広場に山積みされ焼却。ソ連軍からの命令で、一七歳以上の男子は市内香坊捕虜収容所へ、一七歳未満の少年隊は女・子供とともに訓練所に残留。

ハルビン訓練所全体が、周辺開拓民など日本人難民収容所となる。

一七歳以上の男子は、ハルビンの日本軍需品倉庫からの物資をソ連行き貨車へ積み込む作業に徴用される。

同時に、ソ連軍によって訓練所の倉庫の物資・備品が持ち出され、現地住民の襲撃によって避難民収容所の個人の所有物は総て持ち去られた。日本人は着のみ着のままの生活が始まった。

一七歳以上の男子は、牡丹江に連れて行かれたり、ソ連兵の日本人狩りにあいシベリア行きの危機に遭遇したり苦労するが一〇月一四日に少年隊も解散になり中隊全員が訓練所に帰り、落ち着きを戻す。

冬を迎え、食糧・野菜も燃料も底をつき、ハルビン市内に仕事を見つける決意を固め、次々に隊員を送り出し、中国人のもとで働く隊員、住み込みの隊員数は一二〇人（一九四六年五月一日現在）と記録されている。

栄養失調と発疹チフスの発生で、渡辺中隊長はじめ九人がなくなっている。

一九四六年七月に入って、満州内において、松花江を挟んでの国民軍と八路軍の停戦協定が結ばれ、北満地域の日本人が南下できる状況を迎えた。ついに九月四日、待望の内地送還の命令が出る。

同日ハルビン駅で貨物列車にすし詰めに乗って南下し、松花江に出る。松花江の鉄橋が関東軍によって爆破されているので徒歩で約一〇キロの川原を横切って対岸に出る。ここで八路軍から身柄が国民軍に移された。ハルビンを出て六日、九月一〇日錦西難民収容所で二週間の逗留の後、コロ島から故国に向かい九月二九日に佐世保港に着き、一斉に万歳を叫ぶ。

第七次静岡県単独・神田中隊

神田中隊のあらまし

一九四四年三月一四日・静岡県内各地から内原訓練所に総員三一〇人が入所する。

同年五月一四日、内原を出発し満州への途に着く、隊員二一八人。

同月一九日、三江省勃利大訓練所に入所する。

三年後に移行する義勇隊開拓団に備えて、訓練所において総合的な訓練が行われる。

一九四五年二月から、青少年義勇隊戦時勤労挺身隊として関東軍に派遣される。軍周水子部隊五人、奉天造幣廠三〇人、遼陽市軍工場一二〇人、興凱湖警備隊などに配置換えされる。勃利訓練所残留は六〇人となる。

終戦時、各地域の収容所に収容される。隊員は収容所でそれぞれに働きにでて暮らし越冬する。

日本への帰国は、神田中隊として集団帰国はなく、一九四六年七月七人から始まって一九四七年三月までの期間に集中し、一九五六年まで分散的に帰国している。

『満州の土に生きて』から

榛原郡の大石與志次さんは、青少年義勇軍に志願して出発する日のことをつぎのように書いている。「いよいよ内原訓練所にむかう自分の家から、近所のどこの家でも日の丸の旗を立て、みんな出てきて送ってくれた。学校では朝礼で校長先生が紹介し激励してくれた。全校生徒に送られて校門を出た。村役場の前で村長から激励され、近所の人、先生、生徒代表と別れ、バスで焼津駅で焼津の人たちと合流し静岡市の公会堂に到着した。」

灯火管制の真っ暗な中、隊列を整え静岡駅へと壮途につく

ここで神田中隊が編成され壮行会がもたれ、静岡市内を行進して浅間神社に安全祈願、再

び公会堂で家族と最後の別れの時を過ごす。

誰も喜んでいる様子はない。日が暮れ、外は灯火管制が敷かれていて真っ暗だ、何も見えない。隊列を整えて駅に向かう。みんなと駅舎のホームで別れを惜しみ深夜の列車に乗り込む。列車は真っ暗な線路を静かに離れて内原駅に向かう。

内原の訓練は、学科、軍事教練だけでなく農事訓練がある。鍬を担いで隊列を組み『殖民の歌や大陸を呼ぶ』など義勇隊関係の歌をうたいながらの行進が毎日のように繰り返される。それだけではない、糞尿の入った肥え桶を担いで畑の作物に施肥する。終わると近くの溜池で舐めてもよいくらいにたわしで洗ってからかたづける。

日が経つにつれ、夜の部屋のあちらこちらですすり泣く声がする。屯墾病といっていたが隊員の脱走もあった。入所したときは三百余名であったが出発の日には二一八人になっていた。

一九四四年五月一四日いよいよ夢に見た満州に向かって出発の日である。内原駅から一路東京へ向かい皇居前で弥栄を三唱し上野の桜ケ丘国民学校で家族との最後の別れをする。

再び列車の人となり、常磐線から上越線経由で新潟駅に着く。開拓会館で一泊して、新潟港の岸壁に横たわる鴨緑丸に乗船し朝鮮の羅津港に向かって出航する。五月一七日ようやく羅津港に着き、翌日の朝、羅津の町をあとに列車で満州の勃利に向かう。豆満江を渡って満州に入ると見渡す限りの平原を暫く走ると勃利駅に着く。ここから歩いて満州開拓青年義勇隊出張所に着き一泊する。翌日、早朝から行軍である。四〇キロ先の勃利訓練所に向かう。一週間の長旅を終え、勃利訓練所に着く。隊員は中隊長以下二一八人であった。

訓練第一日目は、各作業グループの割り振りと当番の指定から始まる。当番には、中隊本部付、ラッパ、公用、貯蔵庫、官舎、守衛、炊事班、馬耕班、農具班、等などがある。さらに訓練所本部において、鉄工班、醸造班、郵政班、畜産班、警備班が養成された。

二年後に移行する義勇軍開拓団に備えて、訓練所において総合的な訓練が行われる。

戦時勤労挺身隊として関東軍部隊へ派遣される

しかし、一九四五年に入ると、神田中隊も、奉天南方の洛陽の関東軍三八三部隊の唐戸屯火薬工場、奉天省文奉官屯の南満造兵廠などへ、戦時勤労挺身隊として派遣される。

勃利訓練所に残された神田中隊は、入院中の病人と研修隊員、中隊維持のための五〇人の隊員になる。

戦況は日ごとに忙しくなり、部隊の慌しい様子が分かる。内地は毎日のように爆撃を受けている情報も耳に入る。現地人は日本軍の負け戦の様子も知っているようだ。農場では、大豆、小豆、馬鈴薯、南瓜、などの作付け、草取り、草刈そして秋の収穫が繰り広げられた。

勃利に残された隊員は

勃利に残された五〇人弱の隊員は、暫くの留守を守れば王道楽土を開拓する中隊になると夢見ていた。

しかし、一九四五年八月はじめ、ソ連軍が怒涛のごとく国境を越えて侵攻してきた。関東軍参謀本部は訓練所長の松本所長に対し「勃利義勇隊は牡丹江を死守せよ」と命令を発したという。

実際には、八月八日、ソ連侵攻を境に義勇隊・開拓団の人たちは応戦する術もなく逃げ迷った。勃利訓練所に残留した隊員は、勃利駅に向かって先遣隊のように早く出て行く隊員、「集まれ」の声に起こされつづいて本隊は夜通し歩いて東の空が明るくなるころ勃利出張所に着く。ここで食糧の支給を受け、そして線路伝いに歩いて牡丹江方向へと向かう。ソ連機の機銃掃射にあい、身を伏せ木陰に隠れ命拾いしながら逃避行をつづける。

雪中における軍事教練　防寒衣を着ていても寒さはひしひし

九月七日に至って、ソ連軍に投降し東京城の収容所に入れられる。一〇月に収容所を解放され徒歩で南方に向かうが朝鮮との国境の街・延吉で刑務所跡地収容所に収容される。夏服のままで暖房もなく、支給された二枚の南京袋での越冬となり、栄養失調と重なり死者続出。隊員は延吉市の邦人宅に分散保護された。一九四六年一〇月七日に一般邦人と一緒に個々に引き揚げる。

遼陽市外にある関東軍三八三部隊に派遣された隊員たちは

一九四五年二月下旬、二〇人の隊員が、行き先も告げられず、引率者の言うまま、勤労奉仕隊として、中隊を後にして、小さな窓しかない貨物列車に乗せられる。牡丹江の駅を過ぎたころ、引率者から行き先は、遼陽市外にある関東軍三八三部隊だと説明された。それからハルビン、新京、奉天を過ぎ、何日か走って貨物列車は遼陽駅に着いた。ここから八キロ歩いて唐戸屯の大きなたてものばかりある三八三部隊に着く。ここは火薬を生産する工場であった。太平洋戦争が激しくなり、南方へ関東軍の兵隊が急遽派遣されたためこの部隊は士官と将校だけになり、義勇隊員が警備員になる。

同年六月になり、神田中隊本隊が中隊長以下百余人がここ関東軍三八三部隊の唐戸屯紅葉谷の火薬工場に来て、対戦車用の火薬の製造に従事するようになる。

八月九日、ソ連軍は、流血を見ることもなくアッという間にアムール河を渡って黒河地区の開拓団を撃破したという情報が三八三部隊にも流れた。三八三部隊にソ連軍に応戦する気配はなく、兵器や火薬は現地人にわからない所で処理するようになった。

一九四五年八月一五日、運命の日が来た。

義勇隊も部隊の指令下に入り、部隊からは女・子供は昼夜外出禁止、成人女性は頭髪を刈り服装も男装にするよう指示が出た。

八月一八日、ソ連軍が進駐してきた。町の宿舎は現地住民に荒らされ始めた。ソ連軍の管理下に入り鉄条網の中で暮らす。

ソ連軍は、義勇隊も動員して慌しく施設や、兵器、弾薬、機械を自国に運搬し、撤退した。

その後へ八路軍が入ってきて、三ケ月くらい駐留、その後に国民軍が入ってきて、二ケ月駐留し、また八路軍が入ってきて総括統治することになった。義勇隊員は、鉄条網を突破し、日本人の居留民会の世話になって仕事についていて生活をつなぐ。一九四六年六月に一般邦人と共に帰国する。

奉天省文官屯南満造兵廠に動員された隊員たち

一九四五年三月に関東軍から、奉天省文官屯の南満造兵廠九一八部隊へ動員命令が出た。ロケット砲の砲身造りの仕事で、兵隊さんに混じって小さな子供たちがいるようだった。八月一五日に戦争に負けたと知らされる。九月に入ってから勃利に帰るため新京方向に北上する列車に乗る。南新京で現地住民の襲撃に会い列車を降ろされ持ち物の総てを奪われ新京の白山小学校に収容される。仕事を求めて日本人、満人の家に住み込んで自活の道を求め越冬する。同年九月に帰国する。

杉本幸雄さんご夫妻のこと

神田中隊で、帰国の遅かった一人に杉本幸雄さんがいる。一九一九年に一四才で渡満した杉本さんは一九五五年の春に、夫人とともに生後一ケ月の長男を抱いて舞鶴港に帰国した。

一九四五年八月、ソ連侵攻後、勃利訓練所から山の中を逃避行中、杉本さんは、ソ連に投降し東京城収容所に一ケ月ほど過ごした。一〇月半ばに解放されたが、前日に錆びた釘を踏み、最初の野宿で足が腫れ歩行ができなくなり東京城の臨時病院で治療を受けた。病院でしらみの大群、乳児を残して死ぬ母、敗戦の悲惨を目のあたりにする。

一九四六年春、寧安街郊外に住む大地主の魏さんに世話になることになり逃避行は終わった。一九五三年になり、当時、寧安の県立農業試験場の職員として働いているとき、中国人の同僚の奥さんから「私の知り合いに日本人の娘さんがいる、会ってみないか」と紹介され、杉本さんは永住の覚悟もあったので同意し、同僚夫人に連れられ半日がかりで歩いて小牡丹村に行った。彼女・ケイコさんと二人で話し合うと、彼女は終戦時一四才、逃避行のときソ連機の襲撃下、大人たちが自決を決め、目隠しをされて日本刀で切られた経験をもち、中国婦人に奇跡的に助けられた女性であった。

一九五三年四月に魏さん家族、中国人の同僚に祝福されて結婚した。杉本さんは帰国まで県立農業試験場に勤めていた。
帰国後は中国関係の仕事をされ、中国残留孤児・婦人の自立支援の仕事に取り組む。

終わりに　中国残留孤児について

ここまで書き終わって、心残りは、満州開拓団のうち、最も悲惨な犠牲者であった日本人中国残留孤児に触れられなかったことである。

終戦前後の満州開拓団は、ソ連機の銃撃、現地住民の報復襲撃のなか、まず集団自決を考えるが、生き延びられるだけ生きようと逃避行に入り、逃避行をやり遂げたあと避難生活に入った。

この全過程は、自決をはじめ、死ぬ、殺される、殺すといった死線をさまよう世界であった。

中国残留孤児は、集団自決の中で生き残り、逃避行の過程で保護者からはぐれて中国人に救われ、避難所での餓死と伝染病から逃れるために親たちが中国人に託した子供たちである。

こうして、満州開拓団の終戦時の死線をくぐり抜けた中国残留孤児の苦難な生活が始まった。

多くの孤児が中国で、養父母に養育され、地域では『日本鬼子』と日本の戦争責任を糾弾されながらも、孤児たちは頑張りぬいた。

満州から日本への邦人の帰国は、GHQが一九四八年八月までに一〇四万人余を実現し、中国内乱と朝鮮戦争で断絶した後、日本と中国の日赤が興安丸などによって一九五三年から五八年までに三万人余を実現したが、岸政権になって途絶えてしまった。岸政権は「未帰還者特別措置法」を制定し親族からの申告によって戸籍から在中国邦人を抹消し弔慰金三万円を支給するという「戦時死亡宣告」制度をつくり、生存していた多くの孤児を含めて一万人余が受理されている。

日中政府間による残留孤児の初の帰国は、一九八一年三月二日であった。以降、今日もなお残留孤児の帰国は続いているが、帰国までの期間があまりにも長かった。祖国への帰国が四〇年もかかり全体的にみると日本語を修得できず、就職も困難、生活保護の生活にならざるを得なかった。

二〇〇二年九月に、孤児が原告になって、国に国家損害賠償請求の裁判を起した。当時、在日の孤児全員で二、五〇〇人のうち二、二〇〇人が原告になった。静岡県在住の孤児全員二七人のうち二五人が原告になって名古屋地裁で裁判に取り組んだ。

四年に及ぶ裁判に取り組んだ二〇〇七年七月に、与党プロジェクトの中国残留邦人に対する「新しい支援策」（無所得の孤児への生活給付金の支給など）を受け入れて訴訟終結にいたった。

この中国残留孤児たちの苦難な生活については、機会を改めて記録にまとめなければならない。

用語の説明

開拓団と義勇隊開拓団

開拓団は一九三二年の第一次から第二次までは、東北地方各県の在郷軍人、四次から全国から三〇歳以下の妻帯者で小作農民を中心に編成し一九四〇年から戦時態勢から職を失った商工業・労働者も家族で参加するものであった。

義勇隊開拓団は、青少年義勇隊が満州の現地訓練所で三年間の訓練を受けたあと拓いた開拓団である。

集団開拓団　集合開拓団

開拓団には集団、集合、分散と三種類の開拓団があり、集団開拓団は二〇〇戸ないし三〇〇戸をもって一集団とし、日満両政府から生産・保健・学校・公共施設の総てを保障されていた。

集合開拓団は三〇戸から一〇〇戸で構成され、日本政府から渡航費・生産などへ、集団開拓団の半額程度の補助金が保障されていた。

分村開拓団、分郷開拓団

一九三二年、農林省が農村に自立更生計画を立てさせ、耕地面積に見合ない村民を村単位に満州開拓団に送り出したのが分村、郡の単位で送り出したのが分郷開拓団であった。

青少年義勇軍と青少年義勇隊

青少年義勇軍は日本国内の呼称、青少年義勇隊は満州現地の呼称。加藤完治は、義勇軍でなければ青少年は集まらないと信じ、関東軍は、「軍は皇軍のみ」という考えであった。

内原訓練所と満州現地訓練所

小学校高等科を終え、義勇軍に志願した一五才の少年が国内で三ケ月間訓練するのが茨城県にあった内原訓練所。目的は「皇国精神を鍛錬し渡満後に東洋平和の礎になる」にあった。日輪兵舎の一棟は六〇人収容。内原には松林の中に三〇〇棟あった。

現地訓練所は、大訓練所で一年の基本訓練、小訓練所で二年間の農業実務訓練を徹底する。このあと義勇隊開拓団に移行する。

一九四〇年には、大訓練所四箇所（鉄驪、勃利、嫩江、海綸）、小訓練所は四六個所が建設されていた。

日輪兵舎

蒙古のパオに模し、内側を平板でつくり、外側には皮つきのまま松材を半分に割ってそのまま打ち付けていた。直径一一メートル、床面積約三〇坪、訓練生一〇人が五日で完成できる。

八路軍と重慶軍

八路軍は共産党指導下、重慶軍は国民党重慶政府指導下の軍隊。

王道楽土

満州国建国宣言は「道徳仁愛を主とし、戦争を除去した王道国家」と述べている。覇道政治の張軍閥政治や南京政府からの独立を説き、国防は関東軍に委任。実態は関東軍の覇道政治であり日本人の夢を表す言葉になった。

五族協和

満州国建国宣言は「漢族・満族・蒙族・日本、朝鮮の各族は尊卑の分別なし、それを侵損あるべからず」と述べている。実態は関東軍の五族分断支配であった。

主な参考・引用文献

全体を通して

『満州の土に生きて』（同編集委員会・２００７年）と『満州の土に生きて・補遺版』（同編集委員会・２０１０年）の次の執筆者の証言を参考にしている。

富士郷　石川静子　北川　進　鷺坂ヨシエ　櫻井規順　佐野とめこ　馬飼野利雄
駿　府　k・k　桜井昌枝　杉山佳代子　鈴木志づ　増田義雄　望月庸好
浜　松　長谷川要一
華　陽　伊藤　繁
日　高　駒沢辰巳　藤田登美次　安松トヨ
油　田　榑林宇市　鈴木健太郎　田地川正男
大　沼　小野正夫　金指栄作　杉本　広　鈴木　淳　高畑より子　牧田秀男
見　田　岩崎亀吉　梅原久二　杉沢文雄　萩原謹次　福田榮雄
植　松　犬塚芳司　落合春雄　荻原正治　金森治雄　佐野　廣　白畑安之　鈴木藤男
　　　　平野武夫　山本五郎

石合　青島武男　赤堀哲雄　大庭善廣　川中幸男　佐野次郎　杉山禎一　野口米吉
　　　野村廣次　橋本三郎　伏見　淳　望月寅雄
鈴木　大城文雄　岡村七郎　木下義治　須田訓雄　田代　栄　萩原孝市　船津今夫
　　　三浦浅吉　山岡定雄
池谷　今村民二　海野高志　大河原　清　岡本正徳　小杉　功　澤崎栄次
　　　柴原龍太郎　杉山光男　鈴木快作　鈴木照次　高木孝義　中野灯一郎
　　　松本元吉
木下　岩山　一　大竹昭二　佐野勝吾　佐野　廣　白金秀岳　村松　誠　渡辺和市
勾坂　稲葉典男　大村　武　大石昭典　柴田俊夫　成岡睦美
渡辺　浅賀俊之　榑林清之　黒田善行　田村高祐　徳田義数　舛村杢次　松浦福一
　　　松下千吉
神田　飯田　拓　泉地仁一　井出美夫　遠藤祐宏　大石與志次　大谷修二
　　　川田清一　境澤　登　杉本幸雄　瀧口嘉弘　富田泰弘　福島　進　山内照雄
　　　山口盈文　若杉廣次

第一章関係

岩波新書『日本近現代史』③④⑤⑥　2007年―2008年
藤村道生『日本現代史』山川出版社　1981年
半藤一利『昭和史』平凡社　2004年
小島晋治・丸山松幸『中国現代史』岩波新書　1981年
日中共同研究『「満州国」とは何だったのか』小学館　2008年
石橋湛山『満蒙問題解決の根本方針如何』石橋湛山評論集・岩波文庫　1931年
L／ヤング『総動員帝国』岩波書店　2001年
山室信一『キメラ』中公新書　1993年
ハインリッヒ・シュネー『『満州国』見聞記』講談学術文庫　2002年
尾崎咢堂『墓標に代えて』尾崎咢堂全集所収　1933年
石原莞爾『最終戦争論』中公文庫　1940年講演記録
『松風・第一二三師団（孫呉）不朽・独痕（愛琿）一三五旅団戦史』同戦史編纂委員会
戦史刊行会事務局　1982年
小林敏明『孫呉・愛琿の戦い』青村出版社　1987年

太平洋戦争研究会編著　図説『満州帝国』河出書房新社　1996年
写説『満州』ビジネス社　2005年
出版企画センター編　別冊『一億人の昭和史・満州』毎日新聞社　1978年

第二章関係

満州復刻委員会『満州開拓史』全国拓友協議会　1980年
上　笙一郎『満蒙開拓青少年義勇軍』中公新書　1993年
井出孫六『終わりなき旅』岩波書店　1986年
「満蒙開拓団」調査研究会「満蒙開拓団の総合的研究―母村と現地―研究中間報告論文集」1997年
孫継武・鄭敏『中国農民が証す『満州開拓』の実相』小学館　2007年
劉　含発『日本人満州移民と中国東北農民』2002年
橋口　傑『忘れ難き大地　第一部慟哭の満州』『忘れ難き大地　謝文東とその人物』2001年
中村雪子『麻山事件』草思社　1983年

西田勝・孫継武・鄭敏編『満州開拓の実相』小学館　2007年
建国大学同窓会『回想建国大学―中国学生の手記』建国大学同窓会　2006年
川北哲編『大石頭―満州開拓青年義勇隊訓練所の記録』同刊行委員会　1981年

第三章関係

静岡県民生部援護課『静岡県送出満州開拓民の概要』1955年
静岡県『静岡県史　資料近現代五』1993年
静岡県海外移住協会『静岡県海外移住史』1970年
静岡県拓魂碑建立委員会『拓魂』1975年
加藤弘造『起伏』友吉社　1994年
山本義彦『経済更生運動と「満州」移民』（『近代日本資本主義研究』第一〇章と補論）ミネルバ書房　2002年
小池善之『「中川根村の満州移民」の解説』中川根町史近現代編資料付録　2005年
市原正恵所蔵　静岡県興亜婦人協議会「大陸花嫁」に関する資料。静岡新聞　1942―46年記事・雑誌座談会記録等。

寺田房子『無告の大地』潮出版社　１９９６年
川崎大輔『黄砂が舞う日』河出書房新社　２００２年
加藤善夫『興亜教育と満蒙開拓青少年義勇軍』２００５年
『満蒙青少年義勇軍富士小隊の誕生』（『静岡県近代史研究』第三六号）２０１１年

第四章関係

静岡県拓魂碑建立委員会『拓魂』１９７５年
鶏静会『阿稜達河』静岡村・西静岡・大井川開拓団記録写真集　１９７４年
華陽会『華陽開拓団史』「華陽会会員名簿所収」２０００年
土井和江『藤枝地域の満州開拓移民』２００４年
矢崎秀一『春光』龍山開拓団・龍山開拓女塾の記録　１９６７年
中川根拓友会『ああ拓魂―川根開拓団史』１９７４年
長谷川要一『満州に夕日落ちて』１９８５年

第五章関係

ああ清渓編集委員会『ああ清渓　ある開拓少年義勇隊の記録』植松中隊の記録　1968年
アムール会隊史編集委員会『北辺の青春』池谷中隊の記録　1987年
菅原朝喜『幻の楽土』北斗義勇隊開拓団の記録　1988年
『内原・哈爾浜と北満の歩み』渡辺中隊の記録　1990年
桃山拓友会五十年記念誌編集委員会編集『桃山』神田中隊の記録　1994年

あとがき

この本は、まえがきにも記したように、『満州の土に生きて』（二〇〇七年刊・櫻井規順編集）をベースにしています。さらにこの本には『満州の土に生きて』の出版後に、明らかにされた研究者による研究成果や、私にとって新たに発見した資料・情報を盛り込み、私の思いを著したものであります。

書き終わって思うことは、「開拓団」と青少年義勇軍を静岡県から送り出した社会的な力の大きさと、送り出された二つの「開拓団」が「満州」の対ソ最前線を始めその全域に配備されていたこと、満州事変後の開拓政策の矛盾の爆発としての敗戦後の団員・隊員たちの逃避行の悲惨さから見て、この歴史的な国策事業を忘れてしまってはいけないということであります。

私の研究視点は、私自身が終戦時、開拓民の一〇才の子供でしたが、現地で両親と兄を亡くし身の回りでたくさんの悲惨さを見て、中学生の頃から、なぜ！の疑問に対する回答探しにあります。

たまたま、二〇〇〇年五月から、静岡県の開拓団と青少年義勇軍の健在者たちでつくる静岡県拓魂奉賛会の会長をつとめることになり、二〇〇六年に、現地で亡くなった拓友の思いも汲んで手記をまとめようと呼びかけ『満州の土に生きて』の刊行になりました。

またこの本は、『満州の土に生きて』の手記をベースにして、ここに結集したみんなと同じ立場から編集しました。特に、各開拓団と青少年義勇軍の紹介のところでは、その関係の手記執筆者の作文をそのまま掲載させていただいたところもあり寛恕願うものであります。

またこの本は、静岡県近代史研究会の会員による、静岡県関連の満州開拓についての研究成果の上に成立しています。

市原正恵氏の開拓女塾座談会などの記録、小池善之氏の満州開拓分析の基本視点、加藤善夫氏の富士小隊成立過程、土井和江氏の志太郡関係開拓団の掘り起こしなどを始め、最近の多くの研究成果を活用させていただきました。

この本は、静岡平和資料館をつくる会が二〇一一年夏に開催した「満州開拓」展の展示の成果の上に成立しています。

併せて、「満州開拓」展事務局が実施した中国東北訪問の成果の上に成り立っています。

高木孝義氏には、所蔵の関係資料・文献を提供していただきました。

この本は、私の満州研究を支えてくれた恩師・先輩・友人・拓友からの資料提供・助言の上に成り立っています。

この本の校正のとき、市原正恵さんの急逝の報せが入り衝撃を受けました。市原さんは、満州への花嫁送り出しについて研究をされ、満州開拓団は死に彩られていてこれ以上は触れたくないと、自らが集めた静岡女子拓殖訓練所に関する資料ファイルを私に提供してくださいました。そのファイルのなかで、龍山開拓女塾の山下はつさんが中国に残留し医療分野で活躍していることが市原さんは唯一の希望だと語っています。いま私は、その死線を越えた実績もあったことをこの本で証明して市原さんに見ていただきたかった。この願いが果しえなかったことが悔やみきれません。

今回も、小島烝二氏、大島弘子氏には校正の労と助言をいただきました。静岡新聞出版部長・渡辺忠晃氏には編集上の助言をいただきました。

上記の皆様に心より感謝申し上げます。

二〇一二年八月一五日

櫻井規順

櫻井　規順（さくらい・きじゅん）
1935年富士市に生まれる。1944年夏、家族５人で「満州開拓団」（奉天省）に入植。父は病死、敗戦となり逃避行の後、母兄は避難生活中に病死、1946年、姉（千代）と帰国。父方親戚に世話になり1951年姉にひきとられ静岡市に。静岡高校卒。静岡大学法経短期大学部（夜間制）に６年在学満期中退。1964年日本社会党静岡県本部書記、書記次長を経て1989年参議院議員１期。2006年社会民主党県連合代表６年。静岡県中国残留孤児を励ます会代表。現在・21しずおか政経フォーラム代表、静岡県拓魂奉賛会（満蒙開拓青少年義勇軍と同開拓団の関係者の会）会長。

静岡県と「満州開拓団」

静新新書　044

2012年９月18日初版発行

編著者／櫻井　規順
発行者／大石　剛
発行所／静岡新聞社
〒422-8033　静岡市駿河区登呂3-1-1
電話　054-284-1666

印刷・製本　石垣印刷

・定価はカバーに表示してあります
・落丁本、乱丁本はお取替えいたします

ISBN978-4-7838-0367-6 C1221